YANG PENTING LAVENDER SAHABAT 2024

Menemui Keindahan dan Kepelbagaian Lavender melalui 100 Nikmat

Jane Ramani

Bahan Hak Cipta ©2024

Hak cipta terpelihara

Tiada bahagian buku ini boleh digunakan atau dihantar dalam apa jua bentuk atau dengan sebarang cara tanpa kebenaran bertulis yang sewajarnya daripada penerbit dan pemilik hak cipta, kecuali petikan ringkas yang digunakan dalam semakan. Buku ini tidak boleh dianggap sebagai pengganti nasihat perubatan, undang-undang atau profesional lain.

ISI KANDUNGAN

ISI KANDUNGAN 3
PENGENALAN 6
SARAPAN PAGI DAN SARAPAN 7
   1. Croissant Madu Lavender 8
   2. Coklat Panas Lavender 10
   3. Kopi Ais Dalgona Lavender 12
   4. Aprikot-lavender Crêpes 14
   5. Susu Lavender 17
   6. Oat Semalaman Ceri Lavender 19
   7. Donat Madu Lavender 21
   8. Pancake Lavender 23
   9. Lavender Pistachio Biscotti 25
   10. Roti herba lavender 28
   11. Muffin Blueberry Lavender 30
   12. Pancake Blueberry Lavender 32
   13. Parfait Yogurt Lavender 34
   14. Roti Bakar Perancis Berinfus Lavender 36
   15. Skon Lavender dan Lemon 38
   16. Puding Chia Vanila Lavender 40
   17. Roti Pisang Lavender 42
   18. Muffin Teh Earl Grey Lavender 44
KUDAPAN DAN PEMBUAT PEMAPIS 46
   19. Dataran Limoncello dengan Lavender 47
   20. Madu Lavender Madeleines 49
   21. Brownies Berinfus Teh Earl Grey Lavender 51
   22. Kuki Lavender Shortbread 53
   23. Pai Strawberi Mini dengan Krim Lavender 55
   24. Lavender Rice Krispy Treats 58
   25. Lavender Oatmeal Tiada Bebola Tenaga Bakar 61
   26. Profiteroles Madu Lavender 63
   27. Lavender Sugar Churros 65
   28. Lavender Hummus dengan Kerepek Pita 67
   29. Popcorn Berinfus Lavender 69
   30. Keju Kambing Lavender Crostini 71
   31. Kacang Panggang Lavender dan Rosemary 73
   32. Telur Syaitan Lavender dan Lemon 75
   33. Brie Bakar Lavender dan Madu 77
   34. Lavender dan Lemon Guacamole 79
   35. Tomato Sumbat Keju Lavender dan Herba 81
KURSUS UTAMA 83
   36. Lavender Honey Glazed Pork Tenderloin 84

37. Ayam Kacang Madu Lavender 86
38. Ikan Salmon Bakar Lemon Lavender 88
39. Risotto Cendawan Diselit Lavender 90
40. Lavender dan Herba Kerak Lamb Chop 92
41. Lidi Ayam Bakar Lavender dan Lemon 94
42. Ikan Kod Bakar Lavender dan Berkulit Herba 96
43. Daging Babi Bakar Lavender dan Rosemary 98
44. Salad Quinoa Lavender dengan Sayur-sayuran 100

PENJERAHAN 102

45. Lavender Bavarois 103
46. Coklat Lavender Dacquoise 105
47. Blackberry Lavender Macarons 108
48. Periuk Lavender de Crème 112
49. Krim Lavender Brûlée 114
50. Ais Krim Earl Grey dengan Lavender 116
51. Mousse Coklat Putih Lavender 118
52. Pistachio Lavender Semifreddo 121
53. Sandwic Ais Krim Earl Grey Lavender 124
54. Lavender Sorbet 126
55. Gelato Madu Lavender Affogato 128
56. Lemon dan Lavender Flan 131
57. Popsikel Madu Lavender 133
58. Lavender Panna Cotta dengan Sirap Lemon 135
59. Blueberry Lavender Cheesecake Tanpa Bakar 138
60. Blueberry lavender cranberry rangup 141
61. Lavender granita 143
62. Lavender Ganache Truffles 145
63. Ais Krim Botani Lavender 148
64. Pai Lavender Berry 151
65. Pai Tangan Blueberry Lavender 153
66. Pic Rebus Lavender 155

PERUBAHAN 157

67. Lavender Glaze 158
68. Sawi Madu Lavender 160
69. Minyak Zaitun Diselit Lavender 162
70. Gula Lavender 164
71. Jem Lavender Strawberi 166
72. Perapan Lavender 168
73. Air garam lavender untuk ayam 170
74. Blood Orange Lavender Marmalade 172
75. Minyak Lavender Buatan Sendiri 174
76. Lavender Vanilla Buttercream Frosting 176
77. Lavender Honey Wasabi 178

78. Lavender Vanilla Meyer Lemon Marmalade 180
79. Lemon Lavender Marmalade 183

MINUMAN **185**
80. Rum, Ube dan Lavender Lassi 186
81. Blueberry Lavender Infused Water 188
82. Air Lavender Timun 190
83. Air limau gedang-lavender 192
84. Oren dan lavender 194
85. Kefir Susu Lavender Manis 196
86. Blueberry Lemon Lavender kefir 198
87. Teh Susu Lavender 200
88. Wain Mawar dan Lavender 202
89. Teh pudina dan lavender 204
90. Teh ais blueberry dan lavender 206
91. Teh ais jeruk limau dan lavender 208
92. Teh Lavender & 210
93. Lavender-Rosemary liqueur 212
94. Vanila, earl grey dan lavender latte 214
95. Kopi Lavender Madu 217
96. Titisan Lemon Lavender 219
97. Lavender-Honey Digestif 221
98. Lavender liqueur 223
99. Lavender Cappuccino 225
100. Lavender Profee 227

PENUTUP **229**

PENGENALAN

Selamat datang ke "YANG PENTING LAVENDER SAHABAT 2024," panduan anda untuk menemui keindahan dan kepelbagaian lavender melalui 100 resipi yang menarik. Rakan ini adalah perayaan dunia lavender yang harum dan mempesonakan, menjemput anda untuk meneroka kegunaan masakannya, faedah aromaterapi dan kegembiraan yang dibawanya kepada pelbagai jenis kelazatan. Sertai kami dalam pengembaraan yang melangkaui ladang lavender dan libatkan diri anda dalam seni mencipta kelazatan yang diselitkan lavender.

Bayangkan suasana yang dipenuhi dengan aroma lavender yang menenangkan, keindahan halus dari hidangan yang diselitkan lavender, dan ketenangan yang datang dengan menggabungkan herba serba boleh ini ke dalam kehidupan harian anda. "YANG PENTING LAVENDER SAHABAT 2024" bukan sekadar koleksi resipi; ia adalah penerokaan kegunaan lavender di dapur, bersantai dan penjagaan diri. Sama ada anda peminat lavender atau baru dalam dunia herba aromatik ini, resipi ini direka untuk memberi inspirasi kepada anda untuk menikmati keindahan dan serba boleh lavender.

Daripada pencuci mulut yang diselitkan lavender kepada campuran aromaterapi yang menenangkan dan hidangan kulinari, setiap resipi adalah perayaan rasa halus, sifat menenangkan dan daya tarikan visual yang dibawa oleh lavender kepada ciptaan anda. Sama ada anda sedang membakar biskut lavender, membuat uncang lavender atau bereksperimen dengan hidangan yang diselitkan dengan lavender yang lazat, teman ini ialah sumber anda untuk merasai spektrum penuh kelazatan lavender.

Sertai kami sambil kami menyelami dunia lavender yang harum, di mana setiap ciptaan adalah bukti keindahan dan kepelbagaian herba tercinta ini. Jadi, kumpulkan bunga lavender anda, sambut suasana yang menenangkan dan mari memulakan perjalanan yang menyeronokkan melalui "YANG PENTING LAVENDER SAHABAT 2024."

SARAPAN DAN BRUNCH

1. Croissant Madu Lavender

BAHAN-BAHAN:
- Doh asas croissant
- ¼ cawan madu
- 1 sudu besar lavender masakan kering
- 1 biji telur dipukul dengan 1 sudu air

ARAHAN:
a) Canai doh croissant menjadi segi empat tepat yang besar.
b) Potong doh menjadi segi tiga.
c) Dalam mangkuk kecil, campurkan madu dan lavender.
d) Sapukan lapisan nipis madu lavender ke bahagian bawah setiap croissant.
e) Gantikan bahagian atas croissant dan tekan ke bawah perlahan-lahan.
f) Letakkan croissant pada lembaran pembakar yang beralas, berus dengan basuh telur, dan biarkan naik selama 1 jam.
g) Panaskan ketuhar hingga 400°F (200°C) dan bakar croissant selama 20-25 minit sehingga perang keemasan.

2.Coklat Panas Lavender

BAHAN-BAHAN:
- 2 cawan susu (susu tenusu atau alternatif)
- 2 sudu besar serbuk koko
- 2 sudu besar gula (sesuai selera)
- 1 sudu teh bunga lavender kering
- ½ sudu teh ekstrak vanila
- Krim putar dan kelopak lavender untuk hiasan

ARAHAN:

a) Dalam periuk, panaskan susu dengan api sederhana sehingga panas tetapi tidak mendidih.

b) Dalam mangkuk kecil, pukul bersama serbuk koko dan gula.

c) Masukkan bunga lavender kering ke dalam susu panas dan biarkan ia curam selama 5 minit. Keluarkan bunga lavender.

d) Pukul adunan koko secara beransur-ansur ke dalam susu panas sehingga sebati dan sebati.

e) Masukkan ekstrak vanila.

f) Teruskan memanaskan coklat panas yang diselitkan lavender, kacau sekali-sekala, sehingga mencapai suhu yang anda inginkan.

g) Tuangkan ke dalam cawan, atas dengan krim disebat, dan hiaskan dengan kelopak lavender. Hidangkan dan nikmati!

3.Kopi Ais Dalgona Lavender

BAHAN-BAHAN:
- 2 sudu besar kopi segera
- 2 sudu besar gula pasir
- 2 sudu besar air panas
- 1 cawan susu (sebarang jenis)
- ½ sudu teh tunas lavender masakan
- 1 sudu teh sirap lavender atau ekstrak
- kiub ais

ARAHAN:
a) Dalam mangkuk adunan, satukan kopi segera, gula pasir dan air panas.
b) Dengan menggunakan pengadun elektrik atau pemukul, pukul adunan pada kelajuan tinggi sehingga ia menjadi pekat dan berbuih. Ini biasanya mengambil masa sekitar 2-3 minit.
c) Dalam periuk kecil, panaskan susu dengan api perlahan sehingga suam. Masukkan tunas lavender masakan ke dalam susu dan biarkan ia curam selama kira-kira 5 minit.
d) Tapis susu untuk mengeluarkan tunas lavender dan kembalikan susu yang diselitkan ke dalam periuk.
e) Masukkan sirap atau ekstrak lavender ke dalam susu yang diselitkan dan kacau hingga sebati.
f) Isikan segelas dengan ketulan ais.
g) Tuangkan susu yang diselitkan lavender ke atas kiub ais, isikan gelas kira-kira tiga perempat penuh.
h) Sudukan kopi yang disebat di atas susu, mencipta kesan berlapis.
i) Kacau perlahan-lahan lapisan bersama sebelum dinikmati.
j) Secara pilihan, anda boleh menghiasi dengan taburan tunas lavender masakan atau gula lavender di atasnya.
k) Hidangkan Dalgona Lavender Ais Kopi sejuk dan nikmatilah!

4. Aprikot-lavender Crêpe s

BAHAN-BAHAN:
- 1½ sudu besar Mentega
- ½ cawan Susu
- 1½ sudu besar minyak kacang tanah
- 6½ sudu besar tepung serba guna
- 1 sudu besar Gula, murah hati
- 1 biji telur
- ⅓ sudu teh bunga lavender segar
- 14 aprikot kering, Turki
- 1 cawan wain Riesling
- 1 cawan Air
- 1½ sudu teh kulit oren, parut
- 3 sudu besar Madu
- ½ cawan wain Riesling
- ½ cawan Air
- 1 cawan Gula
- 1 sudu besar kulit oren
- ½ sudu besar perahan limau nipis
- 1 sudu teh bunga lavender segar
- 1 secubit Krim tartar
- Krim putar berperisa, pilihan
- Tangkai lavender, untuk hiasan

ARAHAN:

Crêpe BATTER

a) Cairkan mentega dengan api sederhana.
b) Teruskan memanaskan sehingga mentega menjadi warna coklat muda.
c) Masukkan susu dan suamkan sedikit.
d) Pindahkan adunan ke dalam mangkuk. Pukul dalam baki bahan sehingga rata.
e) Sejukkan selama sejam atau lebih.
f) Masak Crêpes, susun dengan bungkus plastik atau kertas di antaranya untuk mengelakkan melekat.
g) Sejukkan sehingga sedia untuk digunakan.

PENGISIAN APRICOT

h) Satukan semua bahan dalam periuk.
i) Reneh selama kira-kira setengah jam, atau sehingga aprikot lembut.
j) Haluskan adunan dalam pemproses makanan sehingga hampir rata. Sejuk.

SOS RIESLING
k) Satukan semua bahan dalam periuk.
l) Didihkan, kacau sehingga gula larut.
m) Sapu bahagian tepi periuk dengan berus yang dicelupkan ke dalam air sejuk untuk mengelakkan penghabluran.
n) Masak, gosok ke bawah sekali-sekala, hingga 240 darjah F. pada termometer gula-gula.
o) Keluarkan dari api dan terjun bahagian bawah periuk ke dalam air ais untuk berhenti memasak.
p) Sejuk.

UNTUK BERKHIDMAT
q) Gulungkan 3 sudu besar inti ke dalam setiap Crêpe, membenarkan dua Crêpe setiap bahagian.
r) Selaraskan Crêpes di dalam hidangan pembakar mentega.
s) Tutup dengan foil yang disapu mentega di bahagian dalam. Panaskan dalam ketuhar 350 darjah F.
t) Pindahkan Crêpes ke pinggan hidangan. Sendukkan sos di atas dan di sekitar Crêpes.
u) Hiaskan dengan krim putar jika dikehendaki, dan tangkai lavender.

5.Susu Lavender

BAHAN-BAHAN:
- 1 cawan susu berasaskan tumbuhan
- ½ sudu teh lavender masakan kering
- ½ sudu teh chamomile kering
- ¼ sudu teh serbuk akar ashwagandha
- ¼ sudu teh ekstrak vanila tulen
- 1 sudu besar pemanis
- ½ sudu besar pewarna makanan semulajadi

ARAHAN:
a) Masukkan susu, lavender, chamomile, serbuk ashwagandha, vanila, dan pewarna makanan ke dalam periuk kecil. Pukul bersama.

b) Panaskan dengan api sederhana di atas dapur. Kacau sekali-sekala, panaskan selama 5 minit, jadi bahan-bahan mempunyai masa untuk diselitkan ke dalam susu. Reneh ringan dengan sedikit wap adalah yang terbaik. Kecilkan api jika susu lavender mula mendidih.

c) Keluarkan susu lavender dari api dan tapis melalui ayak teh berjaring halus ke dalam cawan atau mug.

d) Masukkan madu atau sirap maple. Saya menggunakan 1 sudu besar tetapi berasa bebas untuk menggunakan lebih kurang mengikut citarasa anda atau tiada langsung.

6. Oat Semalaman Ceri Lavender

BAHAN-BAHAN:
- 1 cawan gajus
- 2 ½ cawan air
- ½ sudu teh lavender masakan kering
- 1 sudu besar gula
- 1 sudu teh jus lemon segar
- 1 sudu teh ekstrak vanila tulen
- 1 cawan oat gulung
- 1 cawan ceri segar, diadu dan dibelah dua
- 2 sudu besar hirisan badam

ARAHAN:

a) Letakkan gajus dan air dalam pengisar berkuasa tinggi dan puri sehingga sangat berkrim dan licin. Bergantung pada kekuatan pengisar anda, ini mungkin mengambil masa sehingga 5 minit.

b) Masukkan lavender, gula, jus lemon, ekstrak vanila, dan sedikit garam. Nadi untuk menggabungkan, kemudian tapis menggunakan penapis mesh atau beg susu kacang.

c) Letakkan susu gajus-lavender dalam mangkuk dan kacau dalam oat. Tutup dan masukkan ke dalam peti ais dan biarkan rendam selama 4-6 jam atau semalaman.

d) Untuk menghidangkan, sudukan oat ke dalam dua mangkuk dan masukkan ceri dan badam. Nikmati!

7. Donat Madu Lavender

BAHAN-BAHAN:
- 1 ½ cawan tepung serba guna
- ½ cawan gula pasir
- 2 sudu teh serbuk penaik
- ¼ sudu teh garam
- ¼ cawan minyak sayuran
- ½ cawan susu
- 2 biji telur besar
- 1 sudu teh bunga lavender kering
- 2 sudu besar madu

ARAHAN

a) Panaskan ketuhar anda hingga 350°F (180°C) dan griskan kuali donat dengan semburan masak.

b) Dalam mangkuk besar, pukul bersama tepung, gula, serbuk penaik, dan garam.

c) Dalam mangkuk lain, pukul bersama minyak, susu, telur, lavender, dan madu.

d) Tuangkan bahan basah ke dalam bahan kering dan gaul sehingga sebati.

e) Sudukan adunan ke dalam kuali donat yang telah disediakan, penuhkan setiap acuan kira-kira ¾ daripada cara penuh.

f) Bakar selama 12-15 minit atau sehingga pencungkil gigi yang dimasukkan ke dalam bahagian tengah donat keluar bersih.

g) Biarkan donat sejuk di dalam kuali selama beberapa minit sebelum memindahkannya ke rak dawai untuk menyejukkan sepenuhnya.

8.Lempeng Lavender

BAHAN-BAHAN:
- 1 cawan tepung serba guna
- 1 sudu besar gula
- 1 sudu kecil serbuk penaik
- ½ sudu teh baking soda
- ¼ sudu teh garam
- 1 cawan buttermilk
- 1 biji telur besar
- 2 sudu besar mentega cair
- 1 sudu besar tunas lavender masakan kering

ARAHAN:
a) Dalam mangkuk adunan, pukul bersama tepung, gula, serbuk penaik, soda penaik, dan garam.
b) Dalam mangkuk yang berasingan, pukul bersama mentega, telur dan mentega cair.
c) Tuangkan bahan basah ke dalam bahan kering dan kacau sehingga sebati.
d) Lipat dalam tunas lavender kering.
e) Panaskan kuali atau kuali tidak melekat di atas api sederhana dan griskan sedikit.
f) Tuangkan ¼ cawan adunan ke atas kuali untuk setiap lempeng. Masak sehingga buih terbentuk di permukaan, kemudian balik dan masak selama 1-2 minit lagi.
g) Ulang dengan adunan yang tinggal. Hidangkan penkek dengan taburan tunas lavender kering tambahan di atasnya.

9. Lavender Pistachio Biscotti

BAHAN-BAHAN:
- ½ cawan kacang pistachio bercengkerang
- 8 sudu besar (1 batang) mentega tanpa garam, pada suhu bilik
- ¾ cawan gula
- 1 sudu besar putik bunga lavender kering
- 1 sudu teh ekstrak vanila
- 2 biji telur
- 2 cawan tepung yang tidak diluntur, ditambah lagi untuk menguli
- 1½ sudu teh serbuk penaik
- ½ sudu teh garam

ARAHAN:

a) Panaskan ketuhar hingga 325°F.
b) Bakar pistachio dalam kuali dengan api sederhana, goncang sentiasa sehingga perang sedikit, kira-kira 5 minit. Bila sejuk, cincang kasar dan ketepikan.
c) Dalam mangkuk adunan, krim mentega dan gula dengan pengadun tangan sehingga sebati.
d) Masukkan tunas lavender, vanila, dan telur, dan pukul sehingga berbuih.
e) Dalam mangkuk besar, satukan tepung, serbuk penaik, dan garam. Kacau hingga sebati.
f) Masukkan bahan kering ke dalam adunan berkrim dan teruskan pukul sehingga sebati. Lipat kacang.
g) Dengan tangan bertepung, keluarkan adunan biskut dari mangkuk. Ia akan menjadi agak basah dan melekit.
h) Taburkan sedikit tepung di atas meja dan uli ke dalam doh biskut sehingga ia boleh diurus. Jangan terlalu banyak membuat doh.
i) Bentuk log kuki panjang 3 inci lebar dan 12 hingga 14 inci panjang. Licinkan sebarang rekahan atau lubang. Letakkan di atas loyang.
j) Bakar log kuki selama 25 hingga 30 minit. Ia sepatutnya masih menunjukkan lekukan jari apabila ditekan.
k) Biarkan ia sejuk selama 30 minit. Menggunakan pisau bergerigi, potong biscotti menjadi kepingan setebal 1 inci.
l) Sebarkan biscotti pada loyang yang sama dan bakar selama 15 hingga 20 minit tambahan. Biarkan sejuk sepenuhnya.
m) Biscotti sepatutnya sangat rangup. Simpan dalam bekas kedap udara.

10. Roti herba lavender

BAHAN-BAHAN:
- 1 pek Yis kering aktif
- ¼ cawan ; Air suam
- 1 cawan Keju kotej rendah lemak
- ¼ cawan Sayang
- 2 sudu besar Mentega
- 1 sudu teh tunas lavender kering
- 1 sudu besar Lemon thyme segar
- ½ sudu besar selasih segar; dicincang halus
- ¼ sudu teh Serbuk penaik
- 2 Telur
- 2½ cawan Tepung yang tidak dilunturkan
- Mentega

ARAHAN:
a) Dalam mangkuk kecil, larutkan yis dalam air.
b) Dalam mangkuk yang lebih besar, campurkan bersama keju kotej, madu, mentega, herba, soda penaik dan telur. Masukkan adunan yis tadi. Masukkan tepung secara beransur-ansur untuk membentuk doh yang keras, pukul dengan baik selepas setiap penambahan.
c) Tutup dan biarkan mengembang kira-kira 1 jam, atau sehingga dua kali ganda secara pukal.
d) Kacau doh dengan sudu. Letakkan dalam kaserol yang telah digris dengan baik
e) Bakar pada 350 F. selama satu jam untuk roti besar, 20 hingga 30 minit untuk roti kecil

11. Muffin Blueberry Lavender

BAHAN-BAHAN:
- 2 cawan tepung serba guna
- 1/2 cawan gula
- 1 sudu besar bunga lavender kering (gred makanan)
- 1 sudu besar serbuk penaik
- 1/2 sudu teh garam
- 1 cawan susu
- 1/2 cawan mentega tanpa garam, cair
- 1 biji telur besar
- 1 sudu teh ekstrak vanila
- 1 cawan beri biru segar

ARAHAN:

a) Panaskan ketuhar hingga 375°F (190°C) dan alaskan loyang muffin dengan pelapik kertas.

b) Dalam mangkuk besar, pukul bersama tepung, gula, lavender kering, serbuk penaik, dan garam.

c) Dalam mangkuk lain, pukul bersama susu, mentega cair, telur, dan ekstrak vanila.

d) Masukkan bahan basah ke dalam bahan kering dan kacau sehingga sebati.

e) Masukkan blueberry perlahan-lahan.

f) Bahagikan adunan di antara cawan muffin dan bakar selama 18-20 minit atau sehingga pencungkil gigi yang dimasukkan ke tengah keluar bersih.

12. Pancake Blueberry Lavender

BAHAN-BAHAN:
- 1 cawan tepung serba guna
- 1 sudu besar gula
- 1 sudu kecil serbuk penaik
- 1/2 sudu teh baking soda
- 1/4 sudu teh garam
- 1 cawan buttermilk
- 1 biji telur besar
- 2 sudu besar mentega cair
- 1 sudu besar tunas lavender kering
- 1 cawan beri biru segar

ARAHAN:
a) Dalam mangkuk, pukul bersama tepung, gula, serbuk penaik, soda penaik, dan garam.
b) Dalam mangkuk yang berasingan, pukul susu mentega, telur, mentega cair dan tunas lavender kering.
c) Tuangkan bahan basah ke dalam bahan kering dan kacau sehingga sebati.
d) Perlahan-lahan lipat dalam beri biru segar.
e) Masak penkek di atas griddle atau kuali dengan api sederhana sehingga perang keemasan di kedua-dua belah pihak.

13. Parfait Yogurt Lavender

BAHAN-BAHAN:
- 1 cawan yogurt Yunani
- 2 sudu besar madu
- 1 sudu teh bunga lavender kering
- 1/2 cawan granola
- Beri segar (cth, strawberi, beri biru)

ARAHAN:
a) Dalam mangkuk, campurkan yogurt Yunani, madu, dan bunga lavender kering.
b) Dalam menghidangkan gelas atau mangkuk, sapukan yogurt lavender dengan granola dan beri segar.
c) Ulangi lapisan sehingga anda mencapai bahagian atas.
d) Hiaskan dengan lavender tambahan dan sedikit madu.

14.Toast Perancis yang Diselit Lavender

BAHAN-BAHAN:
- 4 keping roti
- 2 biji telur besar
- 1/2 cawan susu
- 1 sudu teh ekstrak vanila
- 1 sudu besar tunas lavender kering
- Mentega untuk memasak
- Sirap maple untuk hidangan

ARAHAN:
a) Dalam hidangan cetek, pukul bersama telur, susu, ekstrak vanila, dan tunas lavender kering.
b) Celupkan setiap keping roti ke dalam adunan telur, pastikan ia bersalut pada kedua-dua belah.
c) Panaskan mentega dalam kuali di atas api sederhana dan masak roti yang direndam sehingga perang keemasan di kedua-dua belah pihak.
d) Hidangkan dengan sedikit sirap maple.

15. Scones Lavender dan Lemon

BAHAN-BAHAN:
- 2 cawan tepung serba guna
- 1/3 cawan gula
- 1 sudu besar serbuk penaik
- 1/2 sudu teh garam
- 1 sudu besar bunga lavender kering
- Perahan 1 lemon
- 1/2 cawan mentega tanpa garam, sejuk dan kiub
- 2/3 cawan susu
- 1 sudu teh ekstrak vanila

ARAHAN:
a) Panaskan ketuhar hingga 425°F (220°C) dan alaskan loyang dengan kertas parchment.
b) Dalam mangkuk besar, pukul bersama tepung, gula, serbuk penaik, garam, lavender kering dan kulit limau.
c) Masukkan mentega sejuk, potong dadu dan gunakan jari anda untuk menggosoknya ke dalam bahan kering sehingga adunan menyerupai serbuk kasar.
d) Masukkan susu dan ekstrak vanila sehingga sebati.
e) Balikkan doh ke atas permukaan yang ditaburkan tepung, tekapkan menjadi bulatan, dan potong menjadi kepingan.
f) Letakkan baji pada loyang yang disediakan dan bakar selama 12-15 minit atau sehingga perang keemasan.

16. Puding Chia Vanila Lavender

BAHAN-BAHAN:
- 1/4 cawan biji chia
- 1 cawan susu badam (atau mana-mana susu pilihan anda)
- 1 sudu besar bunga lavender kering
- 1 sudu teh ekstrak vanila
- Buah segar untuk topping

ARAHAN:
a) Dalam mangkuk, campurkan biji chia, susu badam, bunga lavender kering dan ekstrak vanila.
b) Tutup dan sejukkan semalaman atau sekurang-kurangnya 4 jam sehingga biji chia menyerap cecair.
c) Kacau rata sebelum dihidangkan dan letakkan dengan buah segar.

17.Roti Pisang Lavender

BAHAN-BAHAN:
- 2 biji pisang masak, tumbuk
- 1/3 cawan mentega cair
- 1 sudu teh tunas lavender kering
- 1 sudu teh ekstrak vanila
- 1 biji telur, dipukul
- 1 sudu teh baking soda
- Secubit garam
- 1 1/2 cawan tepung serba guna

ARAHAN:
a) Panaskan ketuhar hingga 350°F (175°C) dan griskan loyang roti.
b) Dalam mangkuk besar, campurkan pisang lecek, mentega cair, tunas lavender kering, ekstrak vanila dan telur yang dipukul.
c) Masukkan baking soda, garam dan tepung ke dalam bancuhan pisang, kacau sehingga sebati.
d) Tuangkan adunan ke dalam loyang yang telah disediakan dan bakar selama 60-65 minit atau sehingga pencungkil gigi yang dimasukkan ke tengah keluar bersih.

18. Muffin Teh Earl Grey Lavender

BAHAN-BAHAN:
- 2 cawan tepung serba guna
- 1/2 cawan gula
- 2 sudu teh serbuk penaik
- 1/2 sudu teh baking soda
- 1/4 sudu teh garam
- 1 sudu besar bunga lavender kering
- 1 cawan teh Earl Grey, dibancuh dan disejukkan
- 1/3 cawan minyak sayuran
- 1 biji telur
- 1 sudu teh ekstrak vanila

ARAHAN:
a) Panaskan ketuhar hingga 375°F (190°C) dan alaskan loyang muffin dengan pelapik kertas.
b) Dalam mangkuk, pukul bersama tepung, gula, serbuk penaik, soda penaik, garam, dan bunga lavender kering.
c) Dalam mangkuk lain, campurkan teh Earl Grey yang dibancuh, minyak sayuran, telur, dan ekstrak vanila.
d) Tuangkan bahan basah ke dalam bahan kering, kacau sehingga sebati.
e) Bahagikan adunan sama rata di antara cawan muffin dan bakar selama 18-20 minit atau sehingga pencungkil gigi yang dimasukkan ke tengah keluar bersih.

KUDAPAN DAN PEMBUAT SELERA

19. Dataran Limoncello dengan Lavender

BAHAN-BAHAN:
UNTUK KERAK:
- 1 ½ cawan serbuk keropok graham
- ¼ cawan gula pasir
- ½ cawan mentega tanpa garam, cair

UNTUK PENGISIAN:
- 2 cawan susu pekat manis
- ½ cawan jus lemon segar
- ¼ cawan minuman keras Limoncello
- 2 sudu teh bunga lavender kering

ARAHAN:
a) Panaskan ketuhar hingga 350°F (175°C). Griskan loyang 9x9 inci.
b) Dalam mangkuk adunan, satukan serbuk keropok graham, gula pasir dan mentega cair. Kacau sehingga serbuk bersalut rata.
c) Tekan adunan serbuk ke bahagian bawah loyang yang disediakan untuk membentuk kerak.
d) Bakar kerak dalam ketuhar yang telah dipanaskan selama 10 minit. Keluarkan dari ketuhar dan biarkan ia sejuk.
e) Dalam mangkuk adunan yang berasingan, pukul bersama susu pekat manis, jus lemon, minuman keras Limoncello, dan bunga lavender kering sehingga sebati.
f) Tuangkan adunan inti ke atas kerak yang telah disejukkan dan ratakan.
g) Kembalikan kuali ke dalam ketuhar dan bakar selama 15 minit tambahan.
h) Keluarkan dari ketuhar dan biarkan ia sejuk pada suhu bilik.
i) Sejukkan kuali selama sekurang-kurangnya 2 jam, atau sehingga inti ditetapkan.
j) Potong menjadi empat segi dan sajikan Limoncello Squares yang menarik dengan Lavender.

20. Madu Lavender Madeleines

BAHAN-BAHAN:
- 1 sudu teh mentega cair untuk dulang madeleines
- 2 biji telur besar
- 3 auns (80g) gula kastor
- 3½ auns (100g) mentega, cair dan sejuk sedikit
- 2 sudu besar (30g) madu
- ½ lemon, perahan sahaja
- 1 sudu teh jus lemon segar
- 3½ auns (100g) tepung serba guna
- ¾ sudu teh serbuk penaik
- 2 sudu teh bunga lavender kering
- 3 sudu teh ekstrak lavender

ARAHAN:

a) Panaskan ketuhar hingga 400°F (200°C). Sapu dulang madeleine dengan mentega cair atau gunakan semburan masak, kemudian taburkan dengan tepung untuk menyalut acuan, mengetuk lebihan tepung.

b) Dalam mangkuk, pukul bersama telur dan gula halus sehingga berbuih. Masukkan mentega cair, madu, jus lemon, dan semangat, ekstrak lavender, dan ayak tepung dengan serbuk penaik. Kacau rata hingga sebati.

c) Masukkan bunga lavender kering ke dalam adunan dan gaul rata. Biarkan adunan selama 20 minit untuk berehat.

d) Tuangkan adunan dengan berhati-hati ke dalam dulang madeleine yang disediakan, penuhkan setiap acuan kira-kira ¾ penuh.

e) Bakar madeleines selama 8-10 minit atau sehingga adunan naik sedikit di tengah dan masak sepenuhnya. Madeleines mestilah berwarna keemasan ringan.

f) Keluarkan madeleines dari ketuhar dan pindahkannya ke rak dawai. Biarkan ia sejuk sedikit sebelum dihidangkan.

g) Madeleines Madu Lavender yang cantik ini adalah hidangan yang menarik dengan rasa halus lavender, lemon dan madu. Mereka membuat hadiah yang boleh dimakan yang sempurna untuk orang yang anda sayangi, terutamanya apabila dibungkus dalam kantung plastik kecil. Nikmati aroma dan rasa halus mereka dengan secawan teh atau kopi!

21. Brownies Diselit Teh Lavender Earl Grey

BAHAN-BAHAN:
- 2 uncang teh Earl Grey
- 1 sudu besar tunas lavender kering
- 1 cawan mentega tanpa garam
- 2 cawan gula pasir
- 4 biji telur besar
- 1 sudu teh ekstrak vanila
- 1 cawan tepung serba guna
- ½ cawan serbuk koko
- ¼ sudu teh garam
- ½ cawan cip coklat putih

ARAHAN:
a) Panaskan ketuhar anda hingga 350°F dan griskan loyang 9x13 inci.
b) Potong uncang teh Earl Grey dan gabungkan daun teh yang longgar dengan tunas lavender kering dalam mangkuk kecil.
c) Cairkan mentega dalam periuk dengan api perlahan. Masukkan campuran teh dan lavender dan biarkan ia meresap selama beberapa minit. Tapis teh dan lavender, dan biarkan mentega sejuk sedikit.
d) Dalam mangkuk adunan, satukan mentega cair, gula, telur dan ekstrak vanila. Gaul sebati.
e) Dalam mangkuk yang berasingan, pukul bersama tepung, serbuk koko dan garam. Masukkan sedikit demi sedikit bahan kering ke dalam bahan basah dan gaul sehingga sebati.
f) Masukkan cip coklat putih.
g) Tuangkan adunan ke dalam loyang yang telah disediakan dan ratakan.
h) Bakar selama kira-kira 25-30 minit, atau sehingga pencungkil gigi yang dimasukkan ke tengah keluar dengan beberapa serbuk lembap.
i) Biarkan brownies sejuk sebelum dipotong menjadi empat segi.

22. Kuki Lavender Shortbread

BAHAN-BAHAN:
- ½ cawan mentega tanpa garam, pada suhu bilik
- ½ cawan gula gula, tidak diayak
- 2 sudu teh bunga lavender kering
- 1 sudu teh daun spearmint kering ditumbuk
- ⅛ sudu teh kayu manis
- 1 cawan tepung yang tidak diayak

ARAHAN:
a) Panaskan ketuhar anda kepada 325°F (163°C). Sediakan loyang bersaiz 8" segi empat sama dengan melapiknya dengan kerajang aluminium dan salutkan sedikit kerajang dengan semburan minyak sayuran.

b) Dalam mangkuk adunan, krim mentega suhu bilik sehingga ia menjadi ringan dan gebu.

c) Kacau dalam gula konfeksi, bunga lavender kering, daun spearmint kering yang dihancurkan, dan kayu manis. Gaul sehingga semua bahan sebati.

d) Gaul secara beransur-ansur dalam tepung yang tidak diayak, teruskan mengadun sehingga adunan menjadi hancur.

e) Kikis adunan roti pendek ke dalam loyang yang telah disediakan dan ratakan sehingga rata, tekan perlahan-lahan untuk padat dengan rata.

f) Bakar roti pendek dalam ketuhar yang telah dipanaskan selama 25 hingga 30 minit, atau sehingga ia bertukar sedikit keemasan di sekeliling tepi.

g) Angkat perlahan-lahan kedua-dua kerajang dan roti pendek yang dibakar keluar dari kuali dan ke atas permukaan pemotongan.

h) Gunakan pisau bergerigi untuk memotong roti pendek yang dibakar menjadi bar atau segi empat sama.

i) Pindahkan kuki yang dihiris ke rak dawai untuk membolehkannya sejuk sepenuhnya.

j) Simpan kuki roti pendek lavender buatan sendiri anda dalam tin yang bertutup rapat untuk memastikan ia segar.

k) Nikmati biskut roti pendek lavender anda sebagai hidangan manis dengan sedikit aroma lavender dan spearmint!

23. Mini Strawberi dengan Krim Lavender

BAHAN-BAHAN:
UNTUK KRIM LEMON-LAVENDER:
- 16 auns yogurt tanpa lemak biasa
- 3 hingga 4 sudu besar gula (sesuaikan dengan rasa)
- 2 sudu kecil kulit lemon
- Beberapa titis ekstrak oren atau air bunga
- 1 sudu teh lavender kering

UNTUK PIES STRAWBERI:
- 16 pembungkus wonton (3 inci setiap satu)
- Semburan masak berperisa mentega
- 16 buah strawberi masak besar (kira-kira 2 cawan)
- 2 sudu besar jeli kismis merah, cair dengan 1 sudu air
- 2 sudu besar kacang pistachio dicincang

ARAHAN:
UNTUK KRIM LEMON-LAVENDER:
a) Toskan yogurt selama 6 jam untuk mencipta yogurt "keju." Pindahkan keju yogurt ke mangkuk adunan besar.

b) Pukul gula (mulakan dengan 3 sudu besar dan sesuaikan dengan rasa), kulit limau, ekstrak oren atau air bunga, dan lavender kering. Gaul hingga sebati. Mengetepikan.

UNTUK PIES STRAWBERI:
c) Panaskan ketuhar anda hingga 400 darjah F (200°C).

d) Sembur acuan bergalur kecil (2 inci) dengan semburan masak. Lapik acuan dengan pembalut wonton, pastikan ia menutup acuan sepenuhnya.

e) Sembur bahagian dalam kulit pastri dengan semburan masak dan bakar dalam ketuhar yang telah dipanaskan sehingga ia menjadi garing dan perang keemasan, kira-kira 6 hingga 8 minit. Keluarkan dari acuan dan sejukkan di atas rak dawai.

f) Sediakan strawberi dengan memotong beberapa hirisan selari (kira-kira ⅛ inci) dalam setiap buah beri, bermula pada hujung runcing dan menghiris separuh bahagian bawah buah beri. Kipas setiap strawberi perlahan-lahan dengan jari anda. Anda boleh melakukan langkah ini lebih awal.

g) Untuk menghidangkan, letakkan 2 sudu besar krim lemon-lavender dalam setiap kulit tartlet.

h) Hiaskan setiap tartlet dengan strawberi yang dikipas dan sapu strawberi dengan jeli kismis merah yang dicairkan.

i) Taburkan kacang pistachio cincang di atas setiap tartlet.

j) Hidangkan pai strawberi bersaiz gigitan dengan krim lemon-lavender serta-merta dan nikmatilah!

k) Pai mini yang menarik ini adalah hidangan manis dan pedas dengan sentuhan lavender bunga dan limau sitrus.

24. Lavender Rice Krispy Treats

BAHAN-BAHAN:
- 6 cawan Bijirin Krispy Beras
- Beg 16 auns atau 9 cawan marshmallow mini
- 4 sudu besar mentega
- ½ sudu teh ekstrak vanila
- ¼ sudu teh ekstrak lavender
- 9 auns Coklat Meleleh Ungu
- Taburan
- Lavender Segar (pilihan)

ARAHAN:
a) Dalam periuk besar, cairkan mentega dan 7 cawan marshmallow mini dengan api sederhana. Kacau setiap 15-30 saat sehingga mentega dan marshmallow digabungkan sepenuhnya.
b) Campurkan ekstrak vanila dan lavender ke dalam campuran marshmallow cair.
c) Masukkan bijirin Rice Krispy dan kacau sehingga semuanya bersalut dengan bancuhan marshmallow.
d) Biarkan adunan selama 1 minit hingga sejuk sedikit.
e) Kacau dalam baki marshmallow mini sehingga ia diedarkan sama rata.
f) Sembur kuali 9 x 13 inci dengan semburan masak tidak melekat dan kemudian pindahkan adunan Rice Krispy ke dalam kuali.
g) Sembur tangan anda dengan semburan masak tidak melekat dan tekan adunan ke dalam kuali untuk membuat lapisan yang sekata.
h) Letakkan kuali di dalam peti sejuk selama sekurang-kurangnya 30 minit untuk membolehkan hidangan ditetapkan.
i) Semasa hidangan sejuk, cairkan coklat cair ungu dalam mangkuk selamat gelombang mikro menggunakan selang 30 saat sehingga cair sepenuhnya.
j) Setelah hidangan Rice Krispy telah sejuk dan set, potong mengikut hidangan individu dan letakkan di atas loyang yang dialas dengan kertas parchment.
k) Celupkan bahagian bawah ⅓ setiap hidangan Rice Krispy ke dalam coklat cair. Ketik apa-apa coklat yang berlebihan di tepi mangkuk dan kemudian kikis bahagian bawahnya.

l) Letakkan semula hidangan yang telah dicelup pada kertas parchment untuk membolehkan coklat kering. Ulangi proses ini dengan rawatan yang tinggal.

m) Setelah anda selesai mencelup, letakkan baki coklat cair ke dalam piping bag.

n) Siram coklat di atas hidangan Rice Krispy.

o) Tambah taburan dan lavender segar untuk hiasan.

25. Lavender Oatmeal Tiada Bebola Tenaga Bakar

BAHAN-BAHAN:
- 1½ cawan oatmeal kering
- 1 cawan mentega kacang halus atau mana-mana mentega kacang pilihan anda
- ¼ cawan madu
- ½ sudu teh ekstrak lavender
- ¼ cawan cranberi kering
- 2 sudu besar kelapa parut tanpa gula
- ¼ cawan makanan badam
- 2 sudu besar biji rami atau biji bunga matahari
- 1 sudu teh Garam Laut Lavender

ARAHAN:

a) Alas loyang bersaiz sederhana dengan kertas parchment dan ketepikan.

b) Dalam mangkuk kecil yang selamat dari gelombang mikro, satukan mentega kacang dan madu. Ketuhar gelombang mikro selama 30 saat atau sehingga adunan menjadi lembut. Masukkan ekstrak lavender dan kacau rata.

c) Dalam mangkuk besar, masukkan bahan kering yang tinggal, termasuk oatmeal kering, kranberi kering, kelapa parut, tepung badam, biji rami atau biji bunga matahari, dan Garam Laut Lavender Fields Forever.

d) Masukkan mentega kacang, madu, dan campuran lavender ke dalam mangkuk dengan bahan kering. Gaul sehingga semuanya sebati. Jika adunan masih sedikit melekit, letakkan mangkuk di dalam peti sejuk selama 10 minit sebelum meneruskan ke langkah seterusnya.

e) Menggunakan sudu, cedok bahagian adunan, kira-kira 1 hingga 1½ bahagian saiz. Menggunakan tapak tangan anda, gulungkan setiap bahagian menjadi bebola kecil dan letakkan di atas loyang yang disediakan. Ulangi proses ini untuk adunan yang tinggal.

f) Sejukkan dulang bebola tenaga selama 30 minit untuk membantunya teguh.

g) Selepas penyejukan, simpan Lavender Oatmeal No Bake Energy Balls dalam bekas kedap udara yang besar.

26.Profiteroles Madu Lavender

BAHAN-BAHAN:
- 1 cawan air
- 1/2 cawan mentega tanpa garam
- 1 cawan tepung serba guna
- 4 biji telur besar
- 1 cawan krim putar
- 2 sudu besar madu lavender
- Lavender segar untuk hiasan

ARAHAN:

a) Panaskan ketuhar anda hingga 400°F (200°C) dan alaskan loyang dengan kertas parchment.

b) Dalam periuk, masak air dan mentega hingga mendidih. Masukkan tepung dan kacau sehingga menjadi doh yang licin.

c) Keluarkan dari haba dan biarkan ia sejuk selama beberapa minit. Masukkan telur satu persatu, pukul sebati selepas setiap penambahan.

d) Pindahkan doh ke dalam piping bag dan paipkan busut kecil ke atas loyang. Bakar selama 20-25 minit atau sehingga perang keemasan.

e) Dalam mangkuk, pukul krim sehingga puncak kaku terbentuk. Masukkan madu lavender perlahan-lahan.

f) Potong profiteroles separuh, isi dengan krim madu lavender, dan hiaskan dengan lavender segar.

27.Churros Gula Lavender

BAHAN-BAHAN:
- 1 cawan Teh Earl Grey yang kuat
- 2 cawan tepung bebas gluten
- ¼ cawan gula lavender
- 1 sudu besar mentega
- 3 biji telur
- Minyak untuk menggoreng
- Gula lavender untuk habuk

ARAHAN:
GULA LAVENDER:
a) Satukan gula dan beberapa sudu besar tunas lavender masakan dalam pemproses makanan.
b) Pukul gula dalam pemproses makanan sehingga lavender dicincang halus dan tersebar rata ke seluruh gula.

CHURROS:
c) Letakkan tepung bebas gluten, gula lavender, dan mentega dalam mangkuk adunan.
d) Tuangkan dalam secawan teh Earl Grey yang kuat dan gaul hingga sebati. Panas daripada teh akan mencairkan mentega.
e) Masukkan telur dan teruskan mengadun sehingga anda mendapat adunan yang licin dan elastik.
f) Pindahkan sebahagian adunan ke dalam piping bag yang dipasang dengan muncung bergalur.
g) Berhati-hati paipkan adunan terus ke dalam minyak panas. Memegang beg rapat dengan minyak akan mengelakkan percikan. Adunan cukup tebal untuk paip perlahan-lahan tanpa kelembapan berlebihan.
h) Goreng churros sehingga menjadi perang keemasan yang cantik. Anda perlu membalikkannya separuh menggunakan penyepit untuk memastikan kedua-dua belah masak dengan sempurna. Mereka akan mengembung dan menjadi gebu, jadi elakkan kuali yang terlalu sesak untuk mengelakkannya daripada melekat bersama.
i) Segera masukkan churros panas ke dalam lebih banyak gula lavender, pastikan ia disalut dengan baik dari atas ke bawah.
j) Hidangkan hidangan yang hangat dan rangup segera.

28. Lavender Hummus dengan Kerepek Pita

BAHAN-BAHAN:
- 1 tin (15 auns) kacang ayam, toskan dan bilas
- 3 sudu besar tahini
- 2 sudu besar minyak zaitun
- 1 sudu besar jus lemon
- 1 ulas bawang putih, dikisar
- 1 sudu teh tunas lavender kering
- Garam dan lada sulah secukup rasa
- Roti pita, potong segi tiga dan bakar untuk kerepek

ARAHAN:
a) Dalam pemproses makanan, gabungkan kacang ayam, tahini, minyak zaitun, jus lemon, bawang putih, tunas lavender kering, garam dan lada.
b) Kisar sehingga licin dan berkrim.
c) Hidangkan hummus lavender dengan cip pita yang dibakar.

29.Popcorn Diselit Lavender

BAHAN-BAHAN:
- 1/2 cawan biji popcorn
- 3 sudu besar mentega tanpa garam, cair
- 1 sudu besar bunga lavender kering
- Garam secukup rasa

ARAHAN:
a) Pop biji popcorn menggunakan kaedah pilihan anda.
b) Dalam periuk kecil, cairkan mentega dan masukkan bunga lavender kering. Biarkan ia curam selama beberapa minit.
c) Tapis mentega yang diselitkan lavender dan renjiskannya ke atas popcorn yang timbul.
d) Toskan popcorn hingga rata, dan taburkan garam secukup rasa.

30. Lavender Kambing Keju Crostini

BAHAN-BAHAN:
- 1/2 cawan madu
- Secubit lavender, segar atau kering
- 2 pic
- 1/2 baguette, potong 1 inci, bakar
- 6-8 auns keju kambing (apa-apa jenis--muda, tua, ditutupi abu)
- Daun pudina segar, chiffonade

ARAHAN:
a) Dalam kuali kecil, panaskan madu dan lavender dengan api perlahan selama kira-kira 4 minit. Keluarkan dari api dan biarkan madu sejuk hingga melebihi suhu bilik.
b) Potong pic menjadi baji, kira-kira 1/4 inci tebal.
c) Sapukan bulatan yang telah dibakar dengan keju kambing. Teratas dengan hirisan pic. Tambah beberapa hirisan pudina, kemudian gerimis sedikit dengan campuran lavender-madu.

31. Kacang Panggang Lavender dan Rosemary

BAHAN-BAHAN:
- 2 cawan kacang campuran (badam, pecan, gajus)
- 2 sudu besar mentega cair
- 1 sudu besar tunas lavender kering
- 1 sudu besar rosemary segar yang dicincang
- 1 sudu besar gula perang
- 1/2 sudu teh garam laut

ARAHAN:
a) Panaskan ketuhar hingga 350°F (175°C) dan alaskan loyang dengan kertas parchment.
b) Dalam mangkuk, satukan mentega cair, tunas lavender kering, rosemary cincang, gula perang dan garam laut.
c) Masukkan kacang campuran ke dalam mangkuk dan gaul sehingga bersalut.
d) Sapukan campuran kacang pada lembaran penaik yang disediakan dan panggang selama 15-20 minit, kacau separuh.
e) Biarkan kacang sejuk sebelum dihidangkan.

32. Telur Syaitan Lavender dan Lemon

BAHAN-BAHAN:
- 6 biji telur rebus, dikupas dan dibelah dua
- 3 sudu besar mayonis
- 1 sudu teh mustard Dijon
- Perahan 1 lemon
- 1/2 sudu teh tunas lavender kering
- Garam dan lada sulah secukup rasa
- Daun kucai segar untuk hiasan

ARAHAN:
a) Keluarkan kuning dari bahagian telur dan letakkan di dalam mangkuk.
b) Tumbuk kuning dan tambah mayonis, mustard Dijon, kulit lemon, tunas lavender kering, garam dan lada. Gaul hingga rata.
c) Sudukan semula adunan kuning telur ke dalam putih telur.
d) Hiaskan dengan daun kucai segar sebelum dihidangkan.

33. Brie Bakar Lavender dan Madu

BAHAN-BAHAN:
- 1 roda keju Brie
- 2 sudu besar madu
- 1 sudu teh tunas lavender kering
- Baguette atau keropok yang dihiris untuk dihidangkan

ARAHAN:
a) Panaskan ketuhar hingga 350°F (175°C).
b) Letakkan roda Brie pada hidangan pembakar.
c) Siramkan madu ke atas Brie dan taburkan tunas lavender kering di atasnya.
d) Bakar selama 10-12 minit atau sehingga Brie melekit dan lembut.
e) Hidangkan bersama baguette yang dihiris atau keropok.

34. Lavender dan Lemon Guacamole

BAHAN-BAHAN:
- 3 biji alpukat masak, tumbuk
- 1 sudu besar jus lemon segar
- Perahan 1 lemon
- 1 sudu teh bunga lavender kering
- 1/4 cawan bawang merah, dicincang halus
- 2 sudu besar ketumbar segar, dicincang
- Garam dan lada sulah secukup rasa
- Kerepek tortilla untuk dihidangkan

ARAHAN:
a) Dalam mangkuk, satukan alpukat tumbuk, jus lemon, kulit limau, bunga lavender kering, bawang merah cincang dan ketumbar.
b) Gaul rata dan perasakan dengan garam dan lada sulah secukup rasa.
c) Hidangkan lavender dan lemon guacamole dengan cip tortilla.

35. Tomato Sumbat Keju Lavender dan Herba

BAHAN-BAHAN:
- tomato ceri
- 8 auns krim keju, dilembutkan
- 1 sudu teh tunas lavender kering
- 1 sudu besar daun kucai segar, dicincang
- Garam dan lada sulah secukup rasa

ARAHAN:
a) Potong bahagian atas tomato ceri dan cedok bijinya.
b) Dalam mangkuk, campurkan keju krim lembut, tunas lavender kering, daun bawang cincang, garam dan lada sulah.
c) Sumbat setiap tomato ceri dengan campuran keju krim lavender dan herba.
d) Sejukkan dalam peti ais sebelum dihidangkan.

HIDANGAN UTAMA

36. Lavender Honey Glazed Pork Tenderloin

BAHAN-BAHAN:
- 2 ketul daging babi
- 2 sudu besar bunga lavender kering
- 1/4 cawan madu
- 3 sudu besar mustard Dijon
- 2 ulas bawang putih, dikisar
- Garam dan lada sulah secukup rasa

ARAHAN:
a) Panaskan ketuhar hingga 375°F (190°C).
b) Dalam periuk kecil, panaskan madu, mustard Dijon, bawang putih cincang, lavender kering, garam, dan lada pada api sederhana sehingga sebati.
c) Letakkan tenderloin babi dalam hidangan pembakar dan sapu sayu madu lavender di atasnya.
d) Bakar selama 25-30 minit atau sehingga suhu dalaman mencapai 145°F (63°C).
e) Biarkan daging babi berehat selama beberapa minit sebelum dihiris.

37. Ayam Kacang Madu Lavender

BAHAN-BAHAN:
- 4 dada ayam tanpa tulang dan tanpa kulit
- 2 sudu besar tunas lavender kering
- 1/4 cawan madu
- 2 sudu besar minyak zaitun
- Garam dan lada sulah secukup rasa

ARAHAN:
a) Panaskan ketuhar hingga 375°F (190°C).
b) Dalam mangkuk kecil, campurkan bersama tunas lavender kering, madu, minyak zaitun, garam dan lada untuk membuat sayu.
c) Letakkan dada ayam dalam hidangan pembakar dan sapu sayu madu lavender di atasnya.
d) Bakar selama 25-30 minit atau sehingga ayam masak.
e) Hiaskan dengan tangkai lavender segar sebelum dihidangkan.

38. Ikan Salmon Bakar Lemon Lavender

BAHAN-BAHAN:
- 4 fillet salmon
- 1 sudu besar bunga lavender kering
- Perahan dan jus 1 lemon
- 2 sudu besar minyak zaitun
- Garam dan lada sulah secukup rasa

ARAHAN:
a) Panaskan panggangan ke api sederhana tinggi.
b) Dalam mangkuk, gabungkan bunga lavender kering, kulit limau, jus lemon, minyak zaitun, garam dan lada.
c) Sapu campuran lavender ke atas fillet salmon.
d) Bakar salmon selama 4-5 minit setiap sisi atau sehingga ia mudah mengelupas dengan garpu.
e) Hidangkan dengan hirisan lemon dan taburan lavender segar.

39. Risotto Cendawan Diselit Lavender

BAHAN-BAHAN:
- 1 cawan beras Arborio
- 1/2 cawan wain putih kering
- 4 cawan sup sayur atau ayam, disimpan hangat
- 1 sudu besar tunas lavender kering
- 1 cawan pelbagai cendawan, dihiris
- 1/2 cawan keju Parmesan parut
- 2 sudu besar mentega
- Garam dan lada sulah secukup rasa

ARAHAN:
a) Dalam kuali besar, tumis cendawan sehingga empuk. Mengetepikan.
b) Dalam kuali yang sama, masukkan beras Arborio dan masak sehingga ringan.
c) Tuangkan wain putih dan masak sehingga sejat.
d) Masukkan air rebusan suam secara beransur-ansur, satu sudu pada satu masa, kacau sentiasa sehingga diserap.
e) Masukkan tunas lavender kering dan teruskan masak sehingga nasi berkrim dan lembut.
f) Masukkan cendawan tumis, keju Parmesan, mentega, garam dan lada sulah.

40.Lavender dan Herba Kerak Lamb Chop

BAHAN-BAHAN:
- 8 ketul kambing
- 2 sudu besar bunga lavender kering
- 1 sudu besar rosemary segar, dicincang
- 1 sudu besar thyme segar, dicincang
- 3 ulas bawang putih, dikisar
- 2 sudu besar minyak zaitun
- Garam dan lada sulah secukup rasa

ARAHAN:
a) Panaskan ketuhar hingga 400°F (200°C).
b) Dalam mangkuk, gabungkan bunga lavender kering, rosemary cincang, thyme, bawang putih cincang, minyak zaitun, garam dan lada.
c) Sapu campuran herba lavender ke atas daging kambing.
d) Panaskan kuali di atas api sederhana tinggi dan goreng daging kambing di setiap sisi.
e) Pindahkan daging ke dalam loyang dan panggang dalam ketuhar selama 15-20 minit atau sehingga kematangan yang dikehendaki.
f) Biarkan daging kambing berehat selama beberapa minit sebelum dihidangkan.

41. Lidi Ayam Bakar Lavender dan Lemon

BAHAN-BAHAN:
- 2 paun paha ayam tanpa tulang tanpa kulit, dipotong menjadi kiub
- 2 sudu besar tunas lavender kering
- Perahan dan jus 2 biji lemon
- 3 sudu besar minyak zaitun
- 2 ulas bawang putih, dikisar
- Garam dan lada sulah secukup rasa
- Lidi kayu, direndam dalam air

ARAHAN:
a) Dalam mangkuk, campurkan tunas lavender kering, kulit lemon, jus lemon, minyak zaitun, bawang putih cincang, garam dan lada.
b) Masukkan kiub ayam pada lidi yang telah direndam.
c) Sapu perapan lavender-lemon ke atas ayam.
d) Bakar lidi selama 8-10 minit, putar sekali-sekala, sehingga masak sepenuhnya.

42.Ikan Kod Bakar Lavender dan Berkulit Herba

BAHAN-BAHAN:
- 4 fillet ikan kod
- 1 sudu besar bunga lavender kering
- 2 sudu besar pasli segar, dicincang
- 1 sudu besar dill segar, dicincang
- 3 sudu besar serbuk roti
- 2 sudu besar minyak zaitun
- Garam dan lada sulah secukup rasa
- Lemon wedges untuk dihidangkan

ARAHAN:
a) Panaskan ketuhar hingga 375°F (190°C).
b) Dalam mangkuk, gabungkan bunga lavender kering, pasli cincang, dill cincang, serbuk roti, minyak zaitun, garam dan lada.
c) Letakkan fillet ikan kod pada lembaran pembakar dan tekan campuran herba lavender ke bahagian atas setiap fillet.
d) Bakar selama 15-20 minit atau sehingga ikan menjadi legap dan mudah mengelupas.
e) Hidangkan bersama hirisan lemon.

43. Daging Babi Bakar Lavender dan Rosemary

BAHAN-BAHAN:
- 4 ketul daging babi dalam tulang
- 1 sudu besar tunas lavender kering
- 2 sudu besar rosemary segar, dicincang
- 3 sudu besar cuka balsamic
- 2 sudu besar minyak zaitun
- Garam dan lada sulah secukup rasa

ARAHAN:
a) Panaskan panggangan ke api sederhana tinggi.
b) Dalam mangkuk, campurkan tunas lavender kering, rosemary cincang, cuka balsamic, minyak zaitun, garam dan lada.
c) Gosokkan campuran lavender-rosemary pada setiap potongan daging babi.
d) Bakar daging babi selama 5-7 minit setiap sisi atau sehingga masak sepenuhnya.

44. Salad Quinoa Lavender dengan Sayuran

BAHAN-BAHAN:
- 1 cawan quinoa, dimasak
- 1 sudu besar bunga lavender kering
- 1 zucchini, dihiris
- 1 lada benggala merah, dihiris
- 1 lada benggala kuning, dihiris
- 1/4 cawan keju feta, hancur
- 3 sudu besar minyak zaitun
- Jus 1 lemon
- Garam dan lada sulah secukup rasa

ARAHAN:
a) Bakar zucchini dan lada benggala sehingga empuk.
b) Dalam mangkuk besar, gabungkan quinoa yang dimasak, bunga lavender kering, sayur-sayuran panggang dan keju feta yang hancur.
c) Dalam mangkuk yang berasingan, pukul bersama minyak zaitun, jus lemon, garam dan lada sulah.
d) Tuangkan dressing ke atas salad quinoa dan gaul perlahan-lahan untuk sebati.

PENJERAHAN

45.Lavender Bavarois

BAHAN-BAHAN:
- 500 ml krim berat
- 3 sudu besar bunga lavender kering
- 4 biji kuning telur
- 100 gram gula pasir
- 3 helai gelatin
- Bunga lavender untuk hiasan

ARAHAN:

a) Selitkan krim berat dengan bunga lavender kering. Panaskan krim dalam periuk sehingga ia panas tetapi tidak mendidih. Keluarkan dari haba, tambah lavender kering, tutup, dan biarkan ia curam selama 30 minit.

b) Tapis krim yang diselitkan lavender untuk mengeluarkan bunga.

c) Dalam mangkuk yang berasingan, pukul kuning telur dan gula sehingga pucat dan berkrim.

d) Rendam kepingan gelatin dalam air sejuk sehingga lembut, kemudian perah lebihan air dan larutkan dalam sedikit air panas.

e) Masukkan gelatin yang telah dilarutkan ke dalam adunan kuning telur, kacau rata.

f) Lipat perlahan-lahan krim yang diselitkan lavender ke dalam adunan telur.

g) Tuangkan adunan ke dalam gelas hidangan atau acuan dan sejukkan sehingga set.

h) Hiaskan dengan bunga lavender sebelum dihidangkan.

46. Coklat Lavender Dacquoise

BAHAN-BAHAN:

UNTUK LAPISAN DACQUOISE:
- 4 putih telur besar
- 1 cawan gula pasir
- 1 cawan badam kisar
- 2 sudu besar serbuk koko tanpa gula
- 1 sudu teh bunga lavender kering

UNTUK PENGISIAN COKLAT GANACHE:
- 6 auns (170g) coklat separa manis, dicincang halus
- ½ cawan krim berat
- 1 sudu teh bunga lavender kering

ARAHAN:

UNTUK LAPISAN DACQUOISE:

a) Panaskan ketuhar anda hingga 300°F (150°C) dan lapik dua helaian pembakar dengan kertas parchment.

b) Dalam mangkuk adunan, pukul putih telur sehingga membentuk puncak kaku. Masukkan gula pasir secara beransur-ansur dan teruskan pukul sehingga meringue berkilat.

c) Masukkan badam yang dikisar perlahan-lahan, serbuk koko tanpa gula, dan bunga lavender kering sehingga sebati.

d) Paip atau sapukan campuran meringue ke atas lembaran pembakar yang disediakan untuk menghasilkan empat bulatan bersaiz sama.

e) Bakar selama kira-kira 30 minit atau sehingga lapisan dacquoise garing dan ditetapkan. Mereka mungkin mempunyai sedikit kerisik di atas. Benarkan mereka sejuk sepenuhnya.

UNTUK PENGISIAN COKLAT GANACHE:

f) Dalam mangkuk selamat gelombang mikro, panaskan krim berat sehingga ia panas tetapi tidak mendidih, atau panaskan di atas dapur dalam periuk.

g) Letakkan coklat yang dicincang halus dalam mangkuk kalis haba yang berasingan.

h) Tuangkan krim panas ke atas coklat dan biarkan selama satu minit untuk mencairkan coklat.

i) Kacau adunan sehingga menjadi licin dan berkilat. Jika perlu, anda boleh memasukkannya ke dalam ketuhar gelombang mikro atau meletakkannya di atas dandang berganda untuk memastikan coklat cair sepenuhnya.

j) Masukkan bunga lavender kering dan biarkan ganache sejuk sedikit.

HIMPUNKAN COKLAT LAVENDER DACQUOISE:

k) Letakkan satu lapisan dacquoise pada pinggan hidangan atau tempat kek.

l) Sapukan sejumlah besar ganache coklat yang diselitkan lavender ke atas lapisan pertama.

m) Berhati-hati meletakkan lapisan dacquoise kedua di atas dan ulangi proses sehingga semua lapisan disusun, selesai dengan ganache di atas.

n) Anda boleh menghiasi bahagian atas dengan bunga lavender kering tambahan atau taburan serbuk koko jika dikehendaki.

o) Sejukkan dacquoise yang telah dipasang di dalam peti sejuk selama sekurang-kurangnya sejam untuk membolehkan perisanya bercampur dan ganache menjadi set.

p) Hiris dan sajikan Chocolate Lavender Dacquoise anda sebagai pencuci mulut yang lazat dan elegan.

47. Blackberry Lavender Macarons

BAHAN-BAHAN:
JAM BLACKBERRY LAVENDER:
- 454 gram beri hitam, segar atau beku
- 133 gram gula pasir
- 2 sudu teh jus lemon
- ½ sudu teh bunga lavender kering, atau ¼ sudu teh ekstrak lavender

MACARONS:
- 100 gram putih telur, suhu bilik
- 60 gram gula pasir
- ¼ sudu teh krim tartar
- 110 gram tepung badam, diayak
- 200 gram gula halus, diayak
- ¼ sudu teh pes ekstrak lavender (pilihan)

PENGISIAN BUTTERCREAM:
- 113 gram mentega tanpa garam, suhu bilik
- 180 gram gula tepung
- 2 sudu teh jem blackberry
- ¼ sudu teh garam halal

ARAHAN:

JAM BLACKBERRY LAVENDER:

a) Dalam periuk besar di atas api sederhana sederhana, gabungkan beri hitam, gula pasir, jus lemon dan bunga lavender kering (atau ekstrak lavender).

b) Biarkan jem mendidih selama kira-kira 20 minit, kacau selalu sehingga ia pekat.

c) Pindahkan jem ke dalam balang kaca dan biarkan ia sejuk pada suhu bilik. Simpan di dalam peti sejuk sehingga dua minggu.

d) makaroni:

e) Ayak bersama tepung badam dan gula tepung ke dalam mangkuk besar dan ketepikan.

f) Dalam pengadun berdiri yang dipasang dengan lampiran pukul, pukul putih telur pada kelajuan sederhana sehingga ia menjadi berbuih. Tambah krim tartar.

g) Masukkan gula pasir secara beransur-ansur sambil terus dipukul pada sederhana tinggi sehingga membentuk puncak lembut.

h) Tambah 2-3 titik pes ekstrak lavender (jika menggunakan) dan pukul dengan tinggi sehingga membentuk puncak kaku.

i) Gaul perlahan-lahan separuh adunan bahan kering sehingga sebati, kemudian masukkan bahan kering yang tinggal. Gaul sehingga adunan mencapai konsistensi "lahar yang mengalir".

j) Alaskan loyang besar dengan alas silikon atau kertas kulit. Pindahkan adunan ke dalam piping bag besar yang dipasang dengan hujung bulat. Paipkan bulatan 1 inci pada loyang yang disediakan.

k) Ketik lembaran pembakar di kaunter beberapa kali untuk membawa gelembung udara ke permukaan dan gunakan pencungkil gigi untuk meletuskan sebarang buih yang kelihatan untuk permukaan yang licin.

l) Biarkan macaron pada suhu bilik selama 30-40 minit sehingga kulit terbentuk di permukaan.

m) Panaskan ketuhar hingga 300°F (150°C). Bakar macaron di atas rak tengah selama 13-15 minit atau sehingga ia tidak bergerak di atas "kaki" apabila disentuh.

n) Biarkan macaron sejuk sepenuhnya di atas loyang sebelum mengeluarkannya.

PENGISIAN BUTTERCREAM BLACKBERRY:

o) Dalam mangkuk besar menggunakan pengadun pegang tangan atau berdiri yang dilengkapi dengan lampiran pukul, krim mentega dan gula tepung bersama-sama sehingga licin.

p) Tambah kira-kira 2 sudu teh jem blackberry yang telah disejukkan dan pukul pada kelajuan tinggi selama 3-4 minit sehingga krim mentega menjadi ringan dan gebu.

PERHIMPUNAN:

q) Setelah macaron disejukkan sepenuhnya dan jem blackberry disejukkan, pasangkan kerang sebelum diisi.

r) Sapukan krim mentega di sekeliling tepi satu cangkang macaron dan tambahkan senduk kecil jem blackberry di tengah (kira-kira ½ sudu teh).

s) Teratas dengan kulit macaron yang lain untuk membuat sandwic.

t) Letakkan macaron yang telah dipasang dalam bekas kedap udara dan biarkan ia matang di dalam peti sejuk selama 12-24 jam.

u) Simpan macaron di dalam peti sejuk sehingga 5 hari, tetapi untuk rasa dan tekstur yang terbaik, biarkan ia mencapai suhu bilik selama kira-kira sejam sebelum dimakan.

48.Periuk Lavender Krim

BAHAN-BAHAN:
- 1 cawan krim berat
- ½ cawan susu penuh
- ¼ cawan tunas lavender masakan kering
- 4 biji kuning telur besar
- ¼ cawan gula pasir
- 1 sudu teh ekstrak vanila
- Tangkai lavender segar untuk hiasan (pilihan)

ARAHAN:

a) Dalam periuk, panaskan krim kental, susu penuh dan tunas lavender kering di atas api sederhana sehingga ia mula mendidih. Keluarkan dari haba, tutup, dan biarkan ia curam selama kira-kira 20 minit.

b) Dalam mangkuk yang berasingan, pukul bersama kuning telur dan gula sehingga sebati.

c) Tapis campuran krim yang diselitkan lavender melalui ayak berjaring halus ke dalam periuk bersih untuk mengeluarkan tunas lavender.

d) Panaskan semula adunan krim sehingga ia panas tetapi tidak mendidih.

e) Perlahan-lahan tuangkan adunan krim panas ke dalam adunan kuning telur sambil dipukul sentiasa.

f) Masukkan ekstrak vanila.

g) Bahagikan adunan di antara empat ramekin atau balang kecil.

h) Bakar dalam tab mandi air pada suhu 325°F (160°C) selama kira-kira 30-35 minit atau sehingga tepi ditetapkan tetapi bahagian tengahnya bergoyang sedikit.

i) Keluarkan dari ketuhar, biarkan ia sejuk ke suhu bilik, dan kemudian sejukkan selama sekurang-kurangnya 2 jam sebelum dihidangkan.

j) Hiaskan dengan tangkai lavender segar sebelum dihidangkan jika mahu.

49.Krim Lavender Brûlée

BAHAN-BAHAN:
- 1 cawan krim berat
- 1 cawan susu penuh
- 4 biji kuning telur
- ½ cawan gula pasir
- 2 sudu besar lavender masakan kering
- Gula pasir, untuk karamel

ARAHAN:
a) Panaskan ketuhar anda hingga 325°F (160°C).
b) Dalam periuk, panaskan krim, susu, dan lavender kering di atas api sederhana sehingga ia mula mendidih. Keluarkan dari haba dan biarkan lavender curam selama kira-kira 10 minit.
c) Tapis campuran krim melalui ayak berjaring halus untuk mengeluarkan lavender.
d) Dalam mangkuk yang berasingan, pukul bersama kuning telur dan gula sehingga sebati.
e) Perlahan-lahan tuangkan campuran krim yang diselitkan lavender ke dalam campuran kuning telur, kacau berterusan.
f) Bahagikan campuran antara ramekin atau hidangan yang selamat dari ketuhar.
g) Letakkan ramekin dalam hidangan pembakar dan isikan hidangan dengan air panas sehingga ia mencapai separuh bahagian tepi ramekin.
h) Bakar selama kira-kira 35-40 minit, atau sehingga kastard ditetapkan tetapi masih sedikit bergoyang di tengah.
i) Keluarkan ramekin dari tab mandi air dan biarkan ia sejuk ke suhu bilik. Kemudian sejukkan sekurang-kurangnya 2 jam atau semalaman.
j) Sejurus sebelum dihidangkan, taburkan lapisan nipis gula pasir di atas setiap kastard. Gunakan obor dapur untuk karamelkan gula sehingga membentuk kerak rangup.
k) Biarkan gula mengeras selama beberapa minit, kemudian hidangkan dan nikmati.

50. Ais Krim Earl Grey dengan Lavender

BAHAN-BAHAN:
- 2 cawan krim berat
- 3 uncang teh Earl Grey
- 1 sudu teh tunas lavender kering
- 14-auns tin susu pekat manis
- 4 sudu teh minuman keras
- 1 sudu teh ekstrak vanila
- ½ sudu teh garam
- Pewarna makanan ungu

ARAHAN:

a) Dalam periuk kecil, bawa krim pekat dan teh Earl Grey sehingga betul-betul di bawah reneh. Matikan api dan biarkan Earl Grey meresap ke dalam krim kental sehingga mencapai suhu bilik. Sejukkan di dalam peti sejuk selama sekurang-kurangnya beberapa jam, sebaik-baiknya semalaman.

b) Pusaran lavender pilihan: Bahagikan krim berat Earl Grey hangat kepada dua bekas berasingan. Tambah 1 sudu teh tunas lavender kering dan satu uncang teh Earl Grey ke dalam satu, dan 2 uncang teh Earl Grey ke dalam satu lagi. Sejukkan semalaman.

c) Setelah sejuk, keluarkan uncang teh Earl Grey dan pukul krim kental dengan bahan-bahan lain sehingga puncak kaku, kira-kira 4 minit.

d) Pusaran lavender pilihan: Keluarkan uncang teh daripada ais krim Earl Grey dan tambah separuh daripada susu pekat manis, 2 sudu teh minuman keras, ekstrak vanila dan ¼ sudu teh garam. Pukul sehingga puncak kaku. Dalam aiskrim lavender, masukkan bahan-bahan lain sebagai tambahan kepada pewarna makanan ungu. Pukul sehingga puncak kaku.

e) Masukkan aiskrim ke dalam kuali kek atau kuali roti. Tutup rapat dengan bungkus plastik dan beku sehingga pepejal, sekurang-kurangnya 6 jam.

f) Pusaran lavender pilihan: Apabila menambah ais krim ke dalam kuali, lakukannya dalam dollops rawak setiap warna dan kemudian pusingkannya dengan sudu dengan berhati-hati. Saya melakukan 3 lapisan sudu, berputar setiap lapisan. Tutup rapat dengan bungkus plastik dan beku sehingga pepejal, sekurang-kurangnya 6 jam.

51.Mousse Coklat Putih Lavender

BAHAN-BAHAN:
- 8 auns coklat putih, dicincang
- 1 cawan krim berat
- 2 sudu teh lavender masakan kering
- 3 biji kuning telur
- 2 sudu besar gula pasir
- ½ sudu teh ekstrak vanila
- Pewarna makanan ungu (pilihan)
- Tangkai lavender segar untuk hiasan (pilihan)

ARAHAN:

a) Dalam mangkuk tahan panas, cairkan coklat putih di atas periuk air mendidih, kacau sehingga rata. Keluarkan dari api dan biarkan ia sejuk sedikit.

b) Dalam periuk kecil, panaskan krim berat dan lavender kering di atas api sederhana sehingga ia mula mendidih. Keluarkan dari haba dan biarkan ia curam selama 15 minit.

c) Tapis krim yang diselitkan lavender melalui ayak berjaring halus ke dalam mangkuk yang bersih, tekan lavender untuk mengeluarkan rasa.

d) Dalam mangkuk yang berasingan, pukul bersama kuning telur, gula, dan ekstrak vanila sehingga sebati.

e) Pukul krim hangat yang diselitkan lavender secara beransur-ansur ke dalam campuran kuning telur.

f) Tuang semula adunan ke dalam periuk dan masak dengan api perlahan, kacau sentiasa, sehingga pekat dan menutupi bahagian belakang sudu. Jangan biarkan ia mendidih.

g) Angkat dari api dan masukkan coklat putih cair hingga rata. Tambah beberapa titis pewarna makanan ungu jika dikehendaki untuk warna lavender yang lebih bersemangat.

h) Biarkan campuran sejuk ke suhu bilik.

i) Dalam mangkuk yang berasingan, pukul krim kental sehingga soft peak terbentuk.

j) Perlahan-lahan lipat krim putar ke dalam campuran lavender yang telah disejukkan sehingga sebati.

k) Tuangkan mousse ke dalam gelas atau mangkuk hidangan dan sejukkan sekurang-kurangnya 2 jam atau sehingga set.

l) Sebelum dihidangkan, hiaskan dengan tangkai lavender segar, jika mahu.

52.Pistachio Lavender Semifreddo

BAHAN-BAHAN:
- 1 cawan pistachio bercengkerang
- ½ cawan gula pasir
- 1 sudu besar lavender masakan kering
- 2 cawan krim berat
- 1 sudu teh ekstrak vanila
- 4 biji kuning telur besar
- ¼ cawan madu
- Secubit garam

ARAHAN:

a) Letakkan pistachio, gula pasir, dan lavender kering dalam pemproses makanan. Denyut sehingga pistachio dikisar halus.

b) Dalam periuk, panaskan krim berat dengan api sederhana sehingga ia mula mendidih. Keluarkan dari api dan kacau dalam campuran pistachio yang dikisar. Biarkan ia curam selama kira-kira 30 minit.

c) Selepas direndam, tapis adunan melalui ayak berjaring halus, tekan ke bawah pada pepejal untuk mengekstrak rasa sebanyak mungkin. Buang pepejal dan ketepikan krim yang ditapis.

d) Dalam mangkuk adunan besar, pukul bersama kuning telur, madu, dan garam sehingga sebati.

e) Tuangkan campuran krim yang ditapis secara beransur-ansur ke dalam campuran kuning telur, kacau sentiasa.

f) Pindahkan adunan kembali ke dalam periuk dan masak dengan api perlahan, kacau sentiasa, sehingga ia pekat dan menyaluti bahagian belakang sudu. Ini akan mengambil masa kira-kira 5-7 minit. Jangan biarkan ia mendidih.

g) Keluarkan periuk dari api dan biarkan adunan sejuk sepenuhnya.

h) Setelah sejuk, masukkan ekstrak vanila.

i) Tuangkan adunan semifreddo ke dalam loyang roti atau bekas pilihan anda. Ratakan bahagian atas dengan spatula.

j) Tutup kuali atau bekas dengan bungkus plastik, pastikan ia menyentuh permukaan semifreddo untuk mengelakkan hablur ais daripada terbentuk. Letakkannya di dalam peti sejuk selama sekurang-kurangnya 6 jam atau semalaman sehingga ia ditetapkan.

k) Apabila sedia untuk dihidangkan, keluarkan semifreddo dari peti sejuk dan biarkan ia berada pada suhu bilik selama beberapa minit untuk melembutkan sedikit. Hiris kepada bahagian dan hidangkan.

l) Nikmati gabungan perisa Pistachio dan Lavender yang menarik dalam Semifreddo anda!

53. Sandwic Ais Krim Earl Grey Lavender

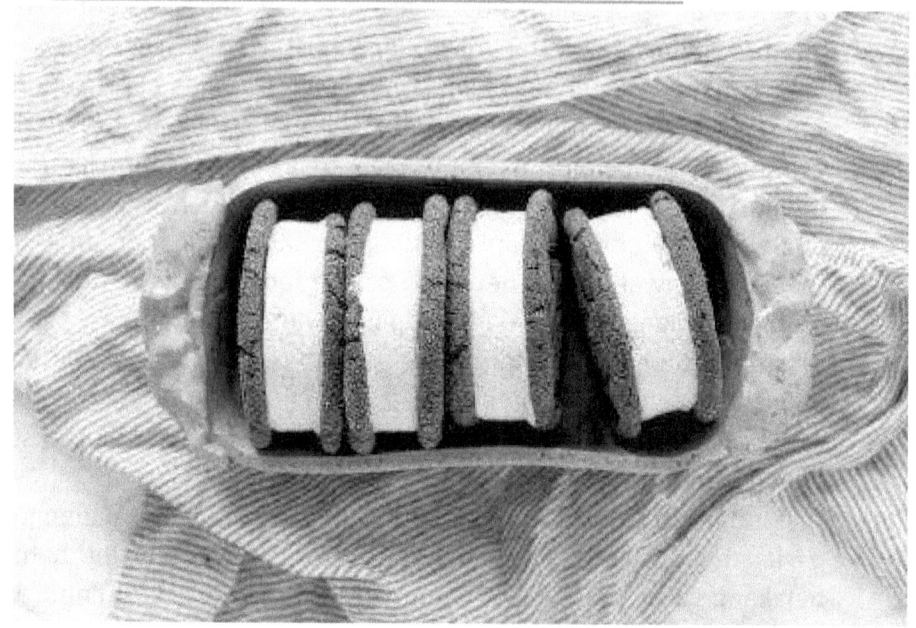

BAHAN-BAHAN:
- 1 ½ cawan tepung serba guna
- ½ sudu teh baking soda
- ¼ sudu teh garam
- ½ cawan mentega tanpa garam, dilembutkan
- ½ cawan gula pasir
- ½ cawan gula perang yang dibungkus
- 1 biji telur besar
- 1 sudu teh ekstrak vanila
- 2 sudu besar daun teh Earl Grey
- 1 sudu besar bunga lavender kering
- 1 liter Earl Grey atau ais krim vanila

ARAHAN:
a) Panaskan ketuhar anda kepada 375°F (190°C) dan alaskan loyang dengan kertas parchment.
b) Dalam mangkuk, pukul bersama tepung, soda penaik, dan garam.
c) Dalam mangkuk adunan yang berasingan, pukul mentega lembut, gula pasir, dan gula perang sehingga ringan dan gebu. Masukkan telur dan esen vanilla dan gaul hingga sebati.
d) Kisar daun teh Earl Grey dan bunga lavender kering menjadi serbuk halus menggunakan pengisar rempah atau lesung dan alu. Masukkan serbuk teh dan lavender ke dalam adunan mentega dan gaul sehingga sekata.
e) Masukkan bahan kering sedikit demi sedikit ke dalam adunan mentega dan gaul sehingga sebati.
f) Titiskan satu sudu besar doh yang dibulatkan ke atas loyang yang disediakan, jarakkannya kira-kira 2 inci. Ratakan sedikit setiap bebola doh dengan tapak tangan anda.
g) Bakar selama 10-12 minit atau sehingga bahagian tepi berwarna perang keemasan. Benarkan biskut sejuk sepenuhnya.
h) Ambil satu sudu Earl Grey atau ais krim vanila dan letakkan di antara dua biskut.
i) Letakkan sandwic aiskrim di dalam peti sejuk selama sekurang-kurangnya 1 jam untuk mengeras sebelum dihidangkan.

54. Lavender Sorbet

BAHAN-BAHAN:
- 2 cawan air
- 1 cawan gula
- 2 sudu besar bunga lavender kering
- 1 sudu besar jus lemon

ARAHAN

a) Dalam periuk, satukan air dan gula. Panaskan dengan api sederhana sehingga gula larut sepenuhnya.

b) Angkat dari api dan masukkan bunga lavender kering. Biarkan ia curam selama 10-15 minit.

c) Tapis adunan untuk mengeluarkan bunga lavender.

d) Masukkan jus lemon.

e) Tuangkan adunan ke dalam pembuat aiskrim dan kisar mengikut arahan pengilang.

f) Setelah dikacau, pindahkan sorbet ke dalam bekas bertutup dan bekukan selama beberapa jam untuk mengeras.

g) Hidangkan sorbet lavender dalam mangkuk atau gelas sejuk untuk pencuci mulut yang harum dan menenangkan.

55.Gelato Madu Lavender Affogato

BAHAN-BAHAN:
GELATO MADU LAVENDER:
- 2 cawan susu penuh
- 1 cawan krim berat
- ½ cawan madu
- 2 sudu besar bunga lavender kering
- 5 biji kuning telur
- ¼ sudu teh garam

AFFOGATO
- 1 sudu gelato madu lavender
- 1 pukulan (kira-kira 1-2 auns) espresso yang baru dibancuh
- Pilihan: tangkai lavender segar untuk hiasan

ARAHAN
GELATO MADU LAVENDER:
a) Dalam periuk, satukan susu, krim, madu, dan bunga lavender kering. Letakkan periuk di atas api sederhana dan panaskan adunan sehingga ia mula mengukus, kacau sekali-sekala. Jangan biarkan ia mendidih.

b) Setelah mengukus, keluarkan periuk dari api dan biarkan lavender meresap ke dalam campuran selama kira-kira 20 minit.

c) Dalam mangkuk yang berasingan, pukul bersama kuning telur dan garam sehingga sebati.

d) Perlahan-lahan tuangkan campuran susu yang diselitkan lavender ke dalam kuning telur, kacau sentiasa untuk meredakan telur.

e) Tuang semula adunan ke dalam periuk dan masak dengan api sederhana, kacau sentiasa, sehingga ia pekat dan menutupi bahagian belakang sudu. Ini perlu mengambil masa kira-kira 5-7 minit.

f) Keluarkan periuk dari api dan tapis adunan melalui ayak berjaring halus untuk mengeluarkan bunga lavender dan sebarang serpihan telur yang telah dimasak. Buang pepejal.

g) Biarkan campuran sejuk ke suhu bilik, kemudian tutup dan sejukkan selama sekurang-kurangnya 4 jam atau semalaman untuk menyejukkan dan menghasilkan rasa.

h) Setelah sejuk, tuangkan campuran ke dalam pembuat ais krim dan kisar mengikut arahan pengilang sehingga gelato mencapai konsistensi yang lembut.

i) Pindahkan gelato ke dalam bekas bertutup dan beku selama sekurang-kurangnya 4 jam atau sehingga pejal.

AFFOGATO

j) Letakkan satu sudu gelato madu lavender ke dalam gelas atau mangkuk hidangan.

k) Bancuh pukulan espresso menggunakan mesin espresso atau salah satu kaedah membancuh alternatif yang dinyatakan sebelum ini.

l) Tuangkan espresso panas ke atas sudu gelato madu lavender.

m) Hiaskan dengan setangkai lavender segar, jika dikehendaki.

n) Hidangkan Lavender Honey Gelato Affogato serta-merta dan nikmati gabungan gelato berkrim dengan perisa aromatik lavender dan madu, ditambah dengan kekayaan espreso.

56. Lemon dan Lavender Flan

BAHAN-BAHAN:
- 1 cawan gula
- 1 ½ cawan krim pekat
- ½ cawan susu penuh
- 6 biji telur besar
- ¼ sudu teh garam
- ¼ cawan jus lemon segar
- 1 sudu besar kulit limau
- 2 sudu teh bunga lavender kering
- Krim putar dan bunga lavender tambahan untuk dihidangkan

ARAHAN

a) Panaskan ketuhar hingga 325°F.

b) Dalam periuk sederhana, panaskan gula dengan api sederhana, kacau sentiasa sehingga ia cair dan bertukar menjadi perang keemasan.

c) Tuangkan gula cair ke dalam acuan flan 9 inci, pusing-pusing untuk menyalut bahagian bawah dan tepi acuan.

d) Dalam periuk kecil, panaskan krim pekat, susu penuh, jus lemon, kulit limau dan bunga lavender di atas api sederhana, kacau sentiasa sehingga ia mendidih.

e) Dalam mangkuk yang berasingan, pukul bersama telur dan garam.

f) Perlahan-lahan tuangkan adunan krim panas ke dalam adunan telur, kacau sentiasa.

g) Tapis adunan melalui ayak berjaring halus dan tuangkan ke dalam acuan flan.

h) Letakkan acuan di dalam bekas pembakar yang besar dan isikan dengan air panas yang mencukupi sehingga separuh bahagian tepi acuan.

i) Bakar selama 50-60 minit atau sehingga flan ditetapkan dan bergoyang sedikit apabila digoncang.

j) Keluarkan dari ketuhar dan biarkan sejuk pada suhu bilik sebelum disejukkan selama sekurang-kurangnya 2 jam atau semalaman.

k) Untuk menghidang, letakkan pisau di sekeliling tepi acuan dan terbalikkan ke atas pinggan hidangan. Hidangkan bersama krim putar dan taburan bunga lavender.

57. Popsikel Madu Lavender

BAHAN-BAHAN:
- 2 cawan air
- ¼ cawan madu
- 1 sudu besar tunas lavender kering
- 1 sudu besar jus lemon

ARAHAN:

a) Dalam periuk kecil, panaskan air dan madu dengan api sederhana sehingga madu larut.

b) Masukkan tunas lavender kering ke dalam periuk dan reneh selama 5 minit.

c) Keluarkan dari haba dan tapis tunas lavender.

d) Masukkan jus lemon.

e) Tuangkan adunan ke dalam acuan popsicle, tinggalkan sedikit ruang di bahagian atas untuk pengembangan.

f) Masukkan batang popsicle dan beku selama sekurang-kurangnya 4 jam atau sehingga beku sepenuhnya.

g) Untuk mengeluarkan popsikel dari acuan, siramkannya di bawah air suam selama beberapa saat sehingga mudah dilepaskan.

58. Lavender Panna Cotta dengan Sirap Lemon

BAHAN-BAHAN:
UNTUK PANNA COTTA LAVENDER:
- ¼ cawan air
- 1 sampul gelatin
- 1¾ cawan krim pekat
- 1 cawan susu penuh
- ⅓ cawan gula
- 1½ sudu besar tunas lavender kering

UNTUK SIRAP LEMON:
- ½ cawan jus lemon yang baru diperah
- 1 cawan gula

ARAHAN
UNTUK PANNA COTTA LAVENDER:
a) Sapukan sedikit empat hidangan kastard 6 auns dengan minyak tidak melekat dan rizab.

b) Dalam hidangan kecil, tambah air dan taburkan dengan gelatin, dan biarkan selama 5-10 minit untuk mekar.

c) Masukkan krim, susu, dan gula ke dalam periuk kecil. Panaskan dengan api sederhana hampir mendidih, kacau untuk melarutkan gula. Keluarkan dari haba; kacau dalam tunas lavender dan tutup. Biarkan berdiri dan curam selama 10 minit.

d) Tetapkan hidangan gelatin dalam ketuhar gelombang mikro dan zap selama sepuluh saat sehingga menjadi sirap nipis. Masukkan gelatin ke dalam campuran krim, kacau dengan baik untuk menggabungkan.

e) Tuangkan campuran melalui penapis jaringan halus ke dalam mangkuk lain, dan buang tunas lavender. Biarkan adunan sejuk hingga suam.

f) Kacau adunan dan tuangkan ke dalam empat hidangan atau acuan kastard 6 auns. Pindahkan ke peti sejuk dan sejukkan selama 2-4 jam atau semalaman sehingga betul-betul set.

UNTUK SIRAP LEMON:
g) Dalam periuk kecil, letakkan di atas api sederhana, dan satukan jus lemon dan gula. Didihkan, kecilkan api, dan reneh selama 10 minit untuk mengurangkan sedikit.

h) Keluarkan dari api dan biarkan sejuk sebelum dimasukkan ke dalam balang bertutup, kemudian sejukkan sehingga sedia untuk digunakan. Sirap akan menjadi pekat apabila sejuk.

i) Untuk Hidangkan Panna Cotta dengan Sirap Lemon:

j) Untuk melepaskan set panna cotta, jalankan pisau di sekeliling pinggir dalam panna cotta bergel.

k) Bekerja dengan satu hidangan pada satu masa, letakkan hidangan ke dalam air suam selama 10 saat.

l) Angkat dari air dan dengan jari lembap, perlahan-lahan tarik gelatin dari tepi acuan. Tutup dengan pinggan hidangan lembap. Balikkan pinggan dan angkat pinggan dengan berhati-hati.

m) Letakkan pinggan hidangan yang telah dibasahkan di atas acuan. Perlahan-lahan keluarkan acuan dan renjiskan sirap lemon di atas.

n) Pecahkan beberapa bunga lavender segar dan taburkannya pada sirap. Hiaskan setiap hidangan dengan bunga lavender.

59. Kek Keju Lavender Blueberry Tanpa Bakar

BAHAN-BAHAN:
KERAK
- 110 gram keropok graham bebas gluten ditumbuk halus (kira-kira 1 cawan)
- ½ sudu teh tunas lavender boleh dimakan kering dikisar kasar
- 4 sudu besar mentega cair

TOPPING BLUEBERRY
- 1½ cawan beri biru
- ¼ cawan air
- 3 sudu besar gula tebu organik
- ½ sudu teh kulit lemon
- ¼ sudu teh ekstrak vanila
- secubit garam
- ¾ sudu teh tunas lavender yang boleh dimakan kering

PENGISIAN KEK KEJU
- ¾ cawan krim berat yang disejukkan
- 8 auns keju krim, pada suhu bilik
- 4 auns keju kambing, pada suhu bilik
- ½ cawan gula tebu organik
- 2 sudu kecil kulit lemon
- 1 sudu teh ekstrak vanila
- ½ sudu teh tunas lavender boleh dimakan kering dikisar kasar

ARAHAN

a) Masukkan keropok graham ke dalam pemproses makanan. Proses sehingga mereka mempunyai tekstur yang halus dan berpasir. Pindahkan ke mangkuk sederhana. Tambah lavender, garam, dan mentega. Gaul rata dengan garpu untuk memasukkan mentega ke dalam semua serbuk. Letakkan sekeping kertas bulat di bahagian bawah kuali springform anda. Tekan serbuk dengan sudu dan tangan, ke bahagian bawah dan sedikit kurang daripada ½ bahagian atas. Pastikan tekan dengan kuat. Letak dalam peti ais.

b) Letakkan 1 cawan beri biru dan air dalam pemproses makanan dan kisar sehingga ia dicincang menjadi kepingan kecil. Kosongkan adunan ke dalam periuk kecil. Masukkan gula, perahan lemon, vanila, dan garam. Biarkan mendidih dengan api sederhana, kacau berterusan.

c) Masukkan separuh baki blueberry. Letakkan lavender dalam uncang teh yang boleh digunakan semula atau kantung cheesecloth, tutupnya, dan tambahkan ke dalam sos. Kecilkan api dan teruskan kacau apabila lavender semakin curam. Apabila sos telah pekat, selama kira-kira 10 minit, keluarkan dari api.

d) Teruskan merendam lavender selama 15 hingga 20 minit lagi. Kemudian keluarkan uncang teh atau uncang. Biarkan sos sejuk sepenuhnya.

e) Dalam mangkuk besar, pukul krim berat dengan pengadun elektrik sehingga puncak lembut terbentuk. Dalam mangkuk besar kedua, gunakan pengadun untuk mencambuk keju krim, keju kambing, gula, kulit limau dan lavender. Setelah adunan sebati, gunakan spatula untuk masukkan krim putar perlahan-lahan.

f) Keluarkan kerak dari peti sejuk dan tuangkan inti. Ratakan dengan sudu besar. Sejukkan selama sekurang-kurangnya empat jam sebaik-baiknya semalaman. Apabila sedia untuk dihidangkan, keluarkan dari peti sejuk dan lepaskan dari springform.

g) Sudukan sejumlah besar sos blueberry di atas, dan potong segera. Kek keju akan bertahan selama 4 hari di dalam peti sejuk.

60.Blueberry lavender cranberry rangup

BAHAN-BAHAN:
- 3 cawan beri biru
- 1 cawan cranberry
- ½ sudu teh bunga lavender segar
- ¾ cawan gula
- 1-½ cawan keropok oatmeal graham yang telah dihancurkan
- ½ cawan gula perang
- ½ cawan mentega cair
- ½ cawan hirisan badam

ARAHAN:
a) Panaskan ketuhar hingga 350 darjah F.
b) Satukan beri biru, cranberi, bunga lavender dan gula.
c) Gaul rata dan tuang ke dalam loyang bersaiz 8 x 8 inci.
d) Satukan keropok hancur, gula perang, mentega cair, dan hirisan badam.
e) Hancurkan bahagian atas inti.
f) Bakar selama 20 hingga 25 minit, sehingga intinya berbuih.
g) Sejukkan sekurang-kurangnya 15 minit sebelum dihidangkan.

61.Lavender granita

BAHAN-BAHAN:
- 2 sudu besar. kepala lavender segar
- 1/2 cawan gula halus
- 1 cawan air mendidih
- 1 cawan air sejuk
- 2 sudu kecil. jus lemon
- 2 sudu kecil. jus oren

ARAHAN:
a) Letakkan kepala lavender dan gula dalam mangkuk dan masukkan air mendidih. Kacau rata, kemudian tutup dan biarkan sejuk sepenuhnya.
b) Tapis, kemudian masukkan air sejuk dan jus buah. Tuangkan ke dalam bekas penyejuk beku dan beku sehingga hampir padat, pecahkan dengan garpu sekali semasa pembekuan. Sejurus sebelum dihidangkan, pecahkan sekali lagi dengan garpu menjadi kristal yang bagus dan sekata.
c) Rasa ais halus ini akan segera hilang, jadi makanlah secepat mungkin.

62. Lavender Ganache Truffles

BAHAN-BAHAN:
- 1 cawan krim putar berat
- 2 sudu besar mentega tanpa garam
- 2 sudu besar madu
- ⅓ cawan tunas bunga lavender kering
- 2 (3-auns) bar coklat koko 72 peratus berkualiti tinggi, dicincang halus
- 2 auns serbuk koko mentah yang belum diproses atau serbuk koko asli tanpa gula berkualiti tinggi, ditambah lagi untuk menggulung truffle

ARAHAN:

a) Letakkan krim, mentega, dan madu dalam dandang berganda. Panaskan dengan api sederhana sehingga nampak wap naik dan buih-buih kecil terbentuk di sekeliling tepi tetapi adunan tidak cukup mendidih. Masukkan lavender, tutup dan tutup api. Biarkan lavender meresap ke dalam krim selama 15 minit.

b) Letakkan coklat dan serbuk koko ke dalam mangkuk adunan yang besar. Apabila krim lavender diselitkan, tapis melalui ayak berjaring halus terus ke dalam mangkuk coklat. Biarkan selama 2 minit untuk mencairkan coklat.

c) Selepas 2 minit, pukul adunan sehingga licin dan berkilat. Pengisar kayu berfungsi dengan baik di sini tetapi tidak diperlukan.

d) Tutup mangkuk. Letakkan mangkuk dan 2 sudu teh di dalam peti sejuk untuk menyejukkan selama 2 hingga 5 jam. Jangan beku.

e) Letakkan serbuk koko untuk digulung dalam kuali cetek. Lapik loyang dengan kertas parchment.

f) Bersedia untuk bergolek? Tangan yang hangat menjadikan truffle-rolling sebagai satu cabaran, jadi pastikan anda mengalirkan tangan anda di bawah air yang sangat sejuk (kemudian keringkan) atau pegang pek ais gel atau beg sayur beku. Tangan yang sejuk dan kering akan membolehkan anda menggulung truffle dengan jayanya.

g) Cedok satu sudu teh coklat dan bentukkan menjadi bola di antara tangan anda, bekerja dengan cepat. Celupkan bebola ke dalam serbuk koko dan letakkan di atas loyang yang telah disediakan. ulang. Anda mungkin perlu menyejukkan tangan anda beberapa kali.

h) Sejukkan truffle yang telah siap dalam bekas bertutup. Mereka harus bertahan selama beberapa minggu (dengan disiplin pakar!).

63. Aiskrim Botani Lavender

BAHAN-BAHAN:
- 2 cawan krim berat
- 1 cawan susu penuh
- 3/4 cawan gula pasir
- 2 sudu besar tunas lavender kering (gred masakan)
- 5 biji kuning telur besar
- 1 sudu teh ekstrak vanila

ARAHAN:

MASUKKAN KRIM DAN SUSU:

a) Dalam periuk, gabungkan krim pekat, susu penuh dan tunas lavender kering.

b) Panaskan adunan di atas api sederhana sehingga ia mula mendidih. Jangan rebus.

c) Setelah mendidih, keluarkan periuk dari api dan biarkan lavender meresap ke dalam campuran selama kira-kira 20-30 minit.

d) Selepas direndam, tapis adunan melalui ayak berjaring halus atau kain tipis untuk mengeluarkan tunas lavender. Tekan ke bawah pada lavender untuk mengeluarkan sebanyak mungkin rasa.

SEDIAKAN ASAS AISKRIM:

e) Dalam mangkuk yang berasingan, pukul bersama kuning telur dan gula sehingga sebati dan sedikit pekat.

f) Perlahan-lahan tuangkan krim yang diselitkan lavender ke dalam adunan telur, kacau sentiasa untuk mengelakkan telur daripada mengental.

g) Kembalikan adunan sebati ke dalam periuk.

h) Masak kastard di atas api sederhana, kacau sentiasa, sehingga ia cukup pekat untuk menyaluti belakang sudu. Ini biasanya mengambil masa kira-kira 5-7 minit. Jangan biarkan ia mendidih.

i) Tapis kastard melalui ayak berjaring halus ke dalam mangkuk yang bersih untuk mengeluarkan sebarang serpihan telur masak atau saki-baki lavender.

j) Biarkan kastard sejuk pada suhu bilik. Anda boleh mempercepatkan proses dengan meletakkan mangkuk di dalam tab mandi ais.

k) Apabila kastard telah sejuk, kacau dalam ekstrak vanila.

l) Tutup mangkuk dengan bungkus plastik dan simpan dalam peti sejuk selama sekurang-kurangnya 4 jam atau semalaman untuk membenarkan rasa bercampur.

KINCURKAN AISKRIM:

m) Tuangkan campuran sejuk ke dalam pembuat ais krim dan kisar mengikut arahan pengilang.

n) Pindahkan aiskrim yang dikisar ke dalam bekas bertutup dan beku selama beberapa jam atau sehingga pejal.

o) Cedok ais krim botani ke dalam mangkuk atau kon dan rasai rasa yang unik!

64.Pai Lavender Berry

BAHAN-BAHAN:
- 3 cawan beri campuran (strawberi, beri biru, raspberi, beri hitam)
- 1 cawan gula pasir
- 1/4 cawan tepung jagung
- 1 sudu besar jus lemon segar
- 1 sudu teh lavender masakan kering
- 1 pakej kerak pai yang disejukkan (atau buatan sendiri)

ARAHAN:
a) Panaskan ketuhar anda kepada 375°F (190°C).
b) Dalam mangkuk besar, satukan beri campuran, gula pasir, tepung jagung, jus lemon dan lavender kering. Gaul sehingga beri bersalut.
c) Canai satu kerak pai dan letakkan dalam pinggan pai. Tuangkan campuran beri ke dalam kerak.
d) Gulungkan kerak pai kedua dan letakkan di atas beri. Potong lebihan kerak dan kelimkan tepi untuk mengelak pai.
e) Gunakan pisau tajam untuk membuat beberapa lubang kecil di bahagian atas kerak untuk membolehkan wap keluar.
f) Bakar selama 40-45 minit atau sehingga kerak berwarna perang keemasan dan isinya berbuih. Biarkan pai sejuk sebelum dihidangkan.

65. Pai Tangan Blueberry Lavender

BAHAN-BAHAN:
- 2 cawan beri biru segar
- 1/2 cawan gula pasir
- 1 sudu besar tepung jagung
- 1 sudu besar jus lemon segar
- 1 sudu teh lavender masakan kering
- 2 pakej kerak pai yang disejukkan (atau buatan sendiri)

ARAHAN:
a) Panaskan ketuhar anda kepada 375°F (190°C).
b) Dalam mangkuk, satukan beri biru, gula, tepung jagung, jus lemon dan lavender kering. Gaul sehingga blueberry bersalut.
c) Canai kerak pai dan potong bulat.
d) Sendukkan adunan blueberry pada separuh bulatan, tinggalkan sempadan kecil.
e) Letakkan baki pusingan di atas dan tekan tepi untuk mengelak. Anda boleh menggunakan garpu untuk mengelim tepi.
f) Bakar selama 20-25 minit atau sehingga pai tangan berwarna perang keemasan.
g) Biarkan ia sejuk sebelum dihidangkan.

66. Pic Rebus Lavender

BAHAN-BAHAN:
- 4 buah pic masak, dikupas, diadu, dan dihiris
- 1 cawan air
- 1 cawan gula pasir
- 2 sudu besar lavender masakan kering

ARAHAN:
a) Dalam periuk, satukan air, gula, dan lavender kering.
b) Biarkan adunan mendidih dengan api sederhana, kacau sehingga gula larut.
c) Masukkan pic yang dihiris ke dalam cecair yang mendidih.
d) Rebus pic selama kira-kira 8-10 minit sehingga ia lembut.
e) Keluarkan pic dari cecair pemburuan haram dan biarkan ia sejuk.
f) Hidangkan pic rebus dengan taburan putik lavender segar (pilihan).

PERUBAHAN

67. Lavender Glaze

BAHAN-BAHAN:
- 1 cawan gula tepung
- 2 sudu besar susu
- ½ sudu teh tunas lavender kering (gred masakan)
- Warna makanan ungu (pilihan)

ARAHAN:
a) Dalam periuk kecil, panaskan susu dan tunas lavender kering dengan api perlahan sehingga suam.
b) Keluarkan dari haba dan biarkan ia curam selama kira-kira 10 minit.
c) Tapis susu untuk mengeluarkan tunas lavender.
d) Dalam mangkuk adunan, pukul bersama gula tepung dan susu yang diselitkan sehingga sebati.
e) Laraskan konsistensi dengan menambah lebih banyak gula tepung atau susu mengikut keperluan.
f) Siramkan sayu lavender ke atas pencuci mulut anda dan biarkan ia ditetapkan sebelum dihidangkan.

68. Sawi Madu Lavender

BAHAN-BAHAN:
- ¼ cawan mustard Dijon
- 2 sudu besar madu
- 1 sudu teh bunga lavender kering
- 1 sudu besar cuka wain putih
- Garam dan lada sulah secukup rasa

ARAHAN:

a) Dalam mangkuk kecil, gabungkan mustard Dijon, madu, bunga lavender kering dan cuka wain putih.

b) Gaul rata sehingga semua bahan sebati.

c) Perasakan dengan garam dan lada sulah secukup rasa.

d) Hidangkan sebagai saus untuk ayam, sebagai salad dressing, atau sebagai sayu untuk sayur-sayuran panggang.

69. Minyak Zaitun Diselit Lavender

BAHAN-BAHAN:
- 1 cawan minyak zaitun dara tambahan
- 2 sudu besar tunas lavender kering

ARAHAN:

a) Dalam periuk kecil, panaskan minyak zaitun dengan api perlahan sehingga mencapai suhu sekitar 180°F (82°C).

b) Keluarkan periuk dari api dan masukkan tunas lavender kering.

c) Biarkan minyak sejuk ke suhu bilik dan biarkan ia meresap selama sekurang-kurangnya 24 jam.

d) Tapis minyak untuk mengeluarkan tunas lavender.

e) Pindahkan minyak zaitun yang diselitkan lavender ke dalam botol yang bersih dan kedap udara.

f) Gunakan minyak ini untuk salad dressing, gerimis di atas sayur-sayuran panggang, atau sebagai minyak pencelup untuk roti.

70. Gula Lavender

BAHAN-BAHAN:
- 16 auns gula pasir
- Bunga lavender kering

ARAHAN:

a) Mulakan dengan menyediakan balang 16 auns yang bersih.

b) Lapiskan gula pasir dan bunga lavender kering di dalam balang.

c) Tutup balang dengan selamat.

d) Letakkan balang di lokasi yang sejuk dan kering selama dua minggu untuk membolehkan rasa bercampur.

e) Selepas dua minggu, keluarkan bunga lavender kering dari gula dengan berhati-hati.

f) Nikmati gula lavender buatan sendiri anda sebagai tambahan yang menarik untuk usaha membakar dan memasak anda!

71. Jem Lavender Strawberi

BAHAN-BAHAN:
- 1 paun strawberi
- 1 paun gula
- 24 batang lavender (dibahagikan)
- 2 biji lemon, jus daripada

ARAHAN:
a) Mulakan dengan membasuh, mengeringkan, dan mengupas strawberi.
b) Dalam mangkuk besar, lapiskan strawberi dengan gula dan 12 batang lavender. Letakkan campuran ini di tempat yang sejuk semalaman untuk membolehkan rasa bercampur.
c) Keesokan harinya, keluarkan dan buang batang lavender yang digunakan untuk meresap semalaman. Letakkan campuran beri dalam periuk bukan aluminium yang besar.
d) Ikat bersama baki 12 batang lavender dan tambahkannya ke beri bersama dengan jus lemon.
e) Masak adunan di atas api sederhana sehingga mendidih, kemudian teruskan masak selama 20 hingga 25 minit, kacau sekali-sekala. Pastikan untuk meluncur mana-mana buih yang terbentuk di bahagian atas.
f) Setelah jem telah pekat dan mencapai konsistensi yang anda inginkan, keluarkan dan buang batang lavender.
g) Berhati-hati tuangkan jem lavender strawberi ke dalam balang yang disterilkan dan tutupkannya.

72. Perapan Lavender

BAHAN-BAHAN:
- 1 cawan jus oren
- 3 sudu besar minyak zaitun
- 2 ulas bawang putih, ditekan
- 1 sudu teh mustard Dijon
- ½ sudu teh setiap satu: lavender kering, selasih, biji adas, gurih
- Garam kosher dan lada yang baru dikisar secukup rasa

ARAHAN:
a) Dalam mangkuk kecil, satukan semua bahan untuk perapan lavender.

b) Biarkan perisa sebati dengan membiarkan bahan perapan selama sekurang-kurangnya 2 jam sebelum menggunakannya untuk memerap daging.

c) Untuk perapan ayam, sejukkan daging dalam perapan sehingga 2 jam.

d) Untuk perapan ikan, sejukkan ikan dalam perapan sehingga 30 minit.

e) Nota: Perapan ini juga boleh digunakan sebagai salad dressing. Untuk berbuat demikian, gantikan ½ cawan jus lemon dengan jus oren dan tambahkan minyak zaitun kepada ½ cawan. Cukup siramkannya ke atas bahan salad kegemaran anda dan nikmatilah!

f) Perapan lavender serba boleh ini menambah kelainan yang unik dan aromatik pada ayam panggang, ikan, atau malah sebagai saus salad yang lazat.

73. Air garam lavender untuk ayam

BAHAN-BAHAN:
- 1 cawan jus oren
- 3 sudu besar minyak zaitun
- 2 ulas bawang putih; ditekan
- 1 sudu teh mustard Dijon
- ½ sudu teh Setiap: lavender kering; selasih, biji adas, gurih
- Garam kosher; lada yang baru dikisar secukup rasa

ARAHAN:
a) Campurkan semua bahan dalam hidangan kecil.
b) Benarkan perisa sebati sekurang-kurangnya 2 jam sebelum dituangkan ke atas daging.
c) Perap ayam sehingga 2 jam dalam peti sejuk; ikan sehingga 30 minit.

74. Marmalade Lavender Oren Darah

BAHAN-BAHAN:
- 6 oren darah
- 4 cawan gula
- 4 cawan air
- 2 sudu besar tunas lavender kering

ARAHAN:
a) Hiris nipis oren.
b) Dalam periuk, satukan hirisan oren darah, gula, air, dan tunas lavender kering.
c) Reneh sehingga kulit lembut.
d) Didihkan dengan cepat sehingga titik tetapan dicapai.
e) Tuangkan ke dalam balang yang disterilkan, tutup dan sejukkan.

75. Minyak Lavender buatan sendiri

BAHAN-BAHAN:
- 1/4 cawan bunga lavender kering
- 1 cawan minyak neutral (cth, minyak biji anggur, kanola, atau minyak safflower)

ARAHAN:
a) Letakkan bunga lavender kering dalam balang kaca yang bersih dan kering dengan penutup kedap udara.

b) Panaskan minyak neutral dalam periuk atau gelombang mikro sehingga ia suam, tetapi tidak mendidih. Anda boleh memanaskannya di atas dapur dengan api yang perlahan atau microwave dalam selang masa yang singkat.

c) Tuangkan minyak suam ke atas bunga lavender kering di dalam balang. Pastikan bunga terendam sepenuhnya dalam minyak.

d) Tutup balang dengan penutup dengan ketat.

e) Biarkan balang duduk di tempat yang sejuk dan gelap selama kira-kira 1-2 minggu. Ini membolehkan wangian lavender meresap ke dalam minyak.

f) Goncang balang perlahan-lahan setiap beberapa hari untuk membantu mengedarkan aroma lavender secara merata.

g) Selepas tempoh infusi, tapis minyak melalui ayak berjaring halus atau kain keju ke dalam bekas yang bersih dan kering. Ini akan mengeluarkan bunga lavender, meninggalkan anda dengan minyak yang diselitkan lavender.

h) Simpan minyak lavender di tempat yang sejuk dan gelap untuk mengekalkan kesegarannya. Ia sepatutnya bertahan selama beberapa minggu hingga beberapa bulan.

i) Minyak lavender buatan sendiri berguna untuk pelbagai tujuan, termasuk aromaterapi, urutan, atau sebagai ramuan dalam produk mandian dan badan. Anda juga boleh menggunakannya dengan berhati-hati dalam memasak dan membakar untuk menambah nota bunga halus pada hidangan dan pencuci mulut.

76. Lavender Vanilla Buttercream Frosting

BAHAN-BAHAN:
- 225 gram mentega tanpa garam kira-kira 1 cawan
- 450 gram gula tepung diayak (kira-kira 4 cawan)
- 1/2 sudu teh ekstrak vanila
- 2 titis minyak Pati Lavender
- Pewarna Makanan Gel Wilton Violet [8]
- Beg hiasan [9]
- #125 petua pembekuan [5]
- Taburan Gula Lavender Wilton [6]

ARAHAN:
a) Dalam pengadun berdiri, gunakan lampiran dayung untuk mengadun mentega pada medium sehingga pucat dan gebu. Ini akan mengambil masa kira-kira 2 minit.

b) Matikan pengadun dan kikis bahagian tepi. Masukkan kira-kira separuh daripada gula tepung. Hidupkan pengadun pada perlahan. Kisar sehingga bahan disepadukan dan kemudian matikan pengadun. Kikis bahagian tepi ke bawah sekali lagi.

c) Masukkan baki gula tepung. Hidupkan pengadun pada perlahan sekali lagi. Kisar sehingga bahan sebati dan kemudian gaul pada medium selama 2 minit. Matikan dan kikis bahagian tepi ke bawah sekali lagi.

d) Hidupkan pengadun pada tinggi dan gaul selama 3 minit. Pembekuan akan meningkat dalam jumlah.

e) Matikan pengadun dan kikis bahagian tepi. Masukkan ekstrak vanila dan 1 titis minyak pati Lavender. Gaul rata dan rasa frostingnya. Jika perisa lavender terlalu ringan untuk citarasa anda, tambahkan 1 titis lagi minyak pati Lavender dan kisar semula.

f) Sekarang tambah sedikit pewarna makanan. Gaul perlahan sehingga warna sekata. Anda mungkin mahu menambah lebih banyak warna gel untuk warna yang lebih gelap dan lebih dalam. Ini mungkin mengambil beberapa sesi mencampur dan mengikis sehingga semua warna konsisten sepanjang keseluruhannya.

g) Letakkan hujung pembekuan ke dalam beg penghias. Alihkan pembekuan ke dalam beg dan bekukan kek cawan anda.

77. Wasabi Madu Lavender

BAHAN-BAHAN:
- ¼ cawan Pes Wasabi
- 2 sudu besar madu
- 1 sudu teh bunga lavender kering
- 1 sudu besar cuka wain putih
- Garam dan lada sulah secukup rasa

ARAHAN:
e) Dalam mangkuk kecil, gabungkan Pes Wasabi, madu, bunga lavender kering dan cuka wain putih.
f) Gaul rata sehingga semua bahan sebati.
g) Perasakan dengan garam dan lada sulah secukup rasa.
h) Hidangkan sebagai saus untuk ayam, sebagai salad dressing, atau sebagai sayu untuk sayur-sayuran panggang.

78. Lavender Vanilla Meyer Lemon Marmalade

BAHAN-BAHAN:
- 8 biji limau meyer
- 3 1/2 cawan gula
- 1 sudu besar lavender kering
- 1 biji biji vanila dikikis

ARAHAN:

a) Untuk menyediakan limau - potong limau ke dalam baji memanjang. Menggunakan pisau tajam, potong empulur putih dari tepi setiap baji, tetapi jangan buangnya. Keluarkan dan buang semua biji.

b) Potong lemon menjadi kepingan. Saiz kepingan adalah saiz kulit dalam marmalade anda, jadi jika anda mahukan marmalade yang lebih chunkier, potong menjadi kepingan yang lebih besar dan sebaliknya.

c) Letakkan limau dalam periuk besar di atas dapur, memberi anda banyak ruang.

d) Ambil empulur yang dikhaskan, dan ikat ke dalam kain katun atau tambahkan pada uncang teh daun yang longgar. Tambah ini ke dalam periuk.

e) Tutup lemon dengan air dan biarkan mendidih. Rebus selama 20 minit dan rasa sekeping kulit untuk melihat sama ada ia cukup lembut untuk dimakan. Ia mungkin pahit pada ketika ini kerana tiada gula. Jika kulit anda tidak selembut yang anda inginkan, teruskan masak — ia tidak akan lembut lagi apabila gula ditambah.

f) Keluarkan beg empulur dan perahkan cecair ke dalam periuk. Buang beg itu.

g) Masukkan gula ke dalam periuk. Kecilkan hingga mendidih dan reneh.

h) Anda boleh menguji kematangan marmalade anda dalam dua cara. Termometer gula-gula adalah bukti yang paling mudah dan paling bodoh — setelah mencapai 220-222 darjah F, ia selesai. Jika anda tidak mempunyai termometer gula-gula, letakkan hidangan kecil di dalam peti sejuk. Untuk menguji marmalade anda, sudukan sedikit pada hidangan. Jika ia berkedut, ia selesai. Proses perlu mengambil masa 20-30 minit.

i) Setelah marmalade anda siap, matikan api dan kacau dalam lavender dan vanila. Biarkan sejuk selama 15 minit.

j) Sterilkan 6 balang jem dan isi dengan marmalade yang telah disejukkan. Tutup rapat.

79. Lemon Lavender Marmalade

BAHAN-BAHAN:
- 4 biji limau, kulit dan jus
- 1 sudu besar tunas lavender kering
- 1/4 cawan gula
- 1/4 cawan air

ARAHAN:
a) Dalam periuk, satukan kulit limau, jus lemon, tunas lavender kering, gula dan air. Reneh hingga adunan pekat.
b) Didihkan dengan cepat sehingga konsistensi yang dikehendaki dicapai.
c) Tuangkan ke dalam balang yang disterilkan, tutup dan biarkan sejuk.

MINUMAN

80.Rum, Ube dan Lavender Lassi

BAHAN-BAHAN:
- ½ cawan ube masak dan tumbuk (keladi ungu)
- 1 cawan yogurt biasa
- ¼ cawan rum
- 2 sudu besar madu (sesuai selera)
- ½ sudu teh tunas lavender kering
- kiub ais

ARAHAN:
a) Mulakan dengan memasak dan menumbuk ube:
b) Kupas dan kiub ube.
c) Rebus atau kukus ube sehingga lembut dan mudah dilenyek.
d) Tumbuk ube yang telah dimasak menggunakan garpu atau tumbuk kentang sehingga halus. Biarkan ia sejuk pada suhu bilik.
e) Dalam pengisar, satukan ube tumbuk, yogurt biasa, rum dan madu.
f) Masukkan tunas lavender kering ke dalam pengisar. Anda boleh menggunakan lesung dan alu untuk menghancurkan tunas lavender sedikit sebelum menambahnya, yang akan membantu mengeluarkan lebih banyak rasa.
g) Tambah segelintir kiub ais ke dalam pengisar untuk menjadikan lassi anda bagus dan sejuk.
h) Kisar semua sehingga sebati dan sebati.
i) Rasa lasi dan laraskan kemanisan dengan menambah lebih banyak madu jika perlu.
j) Sebaik sahaja anda berpuas hati dengan rasa dan konsistensi, tuangkan lasi ke dalam gelas.
k) Hiaskan Rum, Ube dan Lavender Lassi anda dengan taburan tunas lavender kering atau setangkai lavender segar, jika ada di tangan.
l) Hidangkan segera dan nikmati lasi anda yang unik dan menyegarkan!

81. Blueberry Lavender Infused Water

BAHAN-BAHAN:
- ½ cawan beri biru
- 4 cawan air
- Bunga Lavender yang boleh dimakan

ARAHAN:
a) Masukkan bahan ke dalam periuk.
b) Sejukkan selama setengah jam.
c) Tapis, dan tuangkan ke atas kiub ais, sebelum dihidangkan.

82. Air Lavender Timun

BAHAN-BAHAN:
- 1 timun, dikupas dan dicincang
- 2 tangkai lavender segar
- 2 liter air mata air

ARAHAN:
a) Masukkan bahan ke dalam balang mason anda.
b) Sekarang letakkan di dalam peti sejuk anda sehingga sejuk sebelum anda dihidangkan.

83. Air limau gedang-lavender

BAHAN-BAHAN:
- 1 limau gedang, dikupas dan dicincang
- 2 tangkai lavender segar, digosok perlahan-lahan
- 5 helai daun pudina segar, digosok perlahan-lahan

ARAHAN:
a) Masukkan bahan ke dalam botol kaca.
b) Isi dengan air.
c) Curam di dalam peti sejuk anda selama sekurang-kurangnya 3 jam.
d) Hidangkan sejuk atau dengan kiub ais.

84.Oren dan lavender

BAHAN-BAHAN:
- 1 oren, dikupas
- 2 tangkai lavender segar, digosok perlahan-lahan

ARAHAN:

a) Masukkan semua bahan ke dalam botol kaca. Isi dengan air.

b) Kacau menggunakan senduk kayu dan sejukkan sebelum dihidangkan.

85. Kefir Susu Lavender Manis

BAHAN-BAHAN:
- 4 cawan susu kefir
- 2 sudu besar kepala bunga lavender kering
- Gula tebu organik atau stevia

ARAHAN:
a) Buat kefir susu tradisional, biarkan kefir ditapai pada suhu bilik selama 24 jam.
b) Tapis biji kefir dan pindahkan ke susu segar.
c) Kacau kepala bunga lavender ke dalam kefir susu. Jangan masukkan kepala bunga semasa biji kefir masih dalam kefir.
d) Letakkan penutup pada kefir dan biarkan ia duduk pada suhu bilik semalaman. Penapaian kedua harus bertahan 12 hingga 24 jam.
e) Tapis kefir untuk menghilangkan kepala bunga.
f) Masukkan gula tebu atau stevia. Kacau pemanis ke dalam kefir.

86.Blueberry Lemon Lavender kefir

BAHAN-BAHAN:
- 4 cawan penapaian pertama
- 10 buah beri biru segar atau beku, sebaiknya organik
- ¼ cawan jus lemon
- ¼ sudu teh lavender masakan

ARAHAN:

a) Buat penapaian pertama dan biarkan balang di tempat yang hangat selama 24-48 jam.

b) Tambah jus lemon dan lavender masakan ke dalam botol atas pusing yang bersih.

c) Tambah beri biru ke dalam botol satu demi satu, memerah beri sedikit supaya jus mengalir.

d) Tapis bijirin dan tambahkan penapaian pertama ke dalam botol dengan jus lemon, lavender dan beri biru.

e) Tutup botol atas pusing dan biarkan di tempat yang hangat selama 24 jam untuk penapaian kedua.

f) Sejukkan sehingga sejuk.

g) Buka perlahan-lahan, tapis, dan nikmati!

87. Teh Susu Lavender

BAHAN-BAHAN:
- 3 uncang teh Earl Grey
- ½ cawan mutiara ubi kayu
- 2 sudu besar gula merah
- 1 sudu besar bunga lavender kering
- ½ cawan susu badam
- 1 cawan ais

ARAHAN
a) Didihkan 2 cawan air, dan keluarkan dari api.
b) Masukkan bunga lavender yang longgar ke dalam penyedut teh dan letakkan di dalam air panas bersama-sama dengan uncang teh, curam selama 5 minit.
c) Keluarkan uncang teh dan penyedut teh dan biarkan teh mencapai suhu bilik.
d) Semasa teh menyejukkan mendidihkan periuk kecil air, masukkan mutiara ubi kayu kecilkan api, dan reneh selama 5-6 minit.
e) Tapis mutiara, masukkan ke dalam mangkuk kecil, dan kacau gula perang. Ketepikan dan sejukkan sepenuhnya.
f) Bahagikan sekata mutiara ubi kayu dan sirap di antara dua gelas.
g) Bahagikan ais antara gelas dan tutup dengan teh yang direndam dan akhiri dengan susu badam.
h) Kacau dan hidangkan segera.

88.Rose dan Wain Lavender

BAHAN-BAHAN:
- 1 botol Pinot Grigio
- 5 kelopak bunga ros
- 2 batang lavender

ARAHAN:
a) Masukkan herba terus ke dalam botol wain yang dibuka.
b) Tutup rapat.
c) Curam selama 3 hari di tempat yang sejuk atau sejuk.
d) Tapis kelopak mawar dan lavender.
e) Hidangkan dalam gelas.
f) Hiaskan dengan kelopak mawar dan lavender.

89.Teh pudina dan lavender

BAHAN-BAHAN:
- ½ cawan daun pudina
- 2 sudu besar nektar agave
- 2 sudu besar lavender kering

ARAHAN:
a) Satukan semua bahan.
b) Tuangkan 4 cawan air mendidih.
c) Hidangkan sejuk.

90. Blueberry dan teh ais lavender

BAHAN-BAHAN:
- 1 sudu besar jus lemon
- ½ cawan blueberry
- 2 sudu besar lavender kering
- 6 cawan air mendidih
- 6 uncang teh

ARAHAN:
a) Dalam periuk, Letakkan air mendidih dan uncang teh.
b) Biarkan mendidih selama beberapa minit.
c) Buang uncang teh.
d) Letakkan dalam bahan-bahan yang tinggal.

91.Teh ais jeruk limau dan lavender

BAHAN-BAHAN:
- 1 ½ sudu teh lavender kering
- 1 tangerine, kupas dan potong
- 8 cawan air
- 8 uncang teh
- Sayang

ARAHAN:
a) Didihkan air.
b) Letakkan dalam uncang teh dan curam selama 5 minit; tapis teh ke dalam periuk.
c) Letakkan bahan-bahan yang lain.
d) Sejukkan dan hidangkan di atas ais hancur.

92. Teh Lavender & Adas Biji

BAHAN-BAHAN:
- 1 cawan air
- ½ t sudu bunga lavender
- beberapa kelopak bunga ros kering
- 10-12 helai daun pudina
- ½ t sudu biji adas

ARAHAN:
a) Panaskan air dalam cerek atau kuali sehingga ia mula mendidih.
b) Tambahkan tunas lavender, kelopak mawar, biji adas dan daun pudina ke dalam mesin kopi.
c) Masukkan air panas.
d) Biarkan adunan meresap selama 4 minit.
e) Tekan pelocok ke bawah.
f) Hidangkan teh dalam cawan.

93. Lavender-Rosemary liqueur

BAHAN-BAHAN:
- Vodka botol 750 mililiter
- 1 tangkai rosemary segar, dibilas
- 2 tangkai lavender segar, dibilas

ARAHAN:
a) Letakkan herba ke dalam balang Mason.
b) Tuangkan vodka ke dalam balang.
c) Goncangkannya beberapa kali dan curam selama tiga hingga lima hari.
d) Tapis herba.

94.Vanila, kelabu earl dan lavender latte

BAHAN-BAHAN:
- ½ cawan air panas (tidak mendidih)
- 1 pukulan espresso atau ½ cawan kopi yang kuat
- ½ cawan susu
- 1 uncang teh Earl Grey
- ½ sudu teh tunas lavender masakan kering (sesuaikan dengan rasa)
- ½ sudu teh ekstrak vanila tulen
- Madu atau pemanis pilihan anda (pilihan)

ARAHAN:

UNTUK INFUSIAN EARL GREY TEA:

a) Mulakan dengan meletakkan beg teh Earl Grey atau teh daun longgar dalam cawan atau cawan.

b) Panaskan ½ cawan air sehingga hampir mendidih, sekitar 180°F atau 82°C, kemudian tuangkannya ke atas uncang teh atau daun.

c) Biarkan teh menjadi curam selama 3-5 minit, laraskan tempoh agar sepadan dengan kekuatan teh yang anda inginkan. Selepas itu, keluarkan uncang teh atau tapis teh daun longgar.

UNTUK LATTE:

d) Bancuh secebis espresso atau sediakan secawan kopi yang mantap menggunakan pembuat kopi pilihan anda.

e) Semasa kopi dibancuh, dalam periuk kecil, panaskan ½ cawan susu perlahan-lahan dengan api sederhana hingga panas tetapi tidak mendidih. Jika anda mempunyai pembuih susu, anda boleh menggunakannya untuk membuih susu untuk menambah krim.

f) Tambahkan espresso atau kopi yang baru dibancuh ke dalam cawan anda, menggabungkannya dengan infusi teh Earl Grey yang disediakan.

g) Masukkan ½ sudu teh tunas lavender masakan kering ke dalam cawan, laraskan kuantiti mengikut citarasa anda. Jangan ragu untuk menambah lebih atau kurang untuk mencapai tahap rasa lavender yang anda inginkan.

h) Masukkan ½ sudu teh ekstrak vanila tulen ke dalam adunan dan kacau sebati untuk mengadun bahan.

i) Jika anda lebih suka latte manis, inilah masanya untuk menambah madu atau pemanis pilihan anda. Mulakan dengan 1-2 sudu teh dan laraskan mengikut tahap kemanisan yang anda inginkan.

j) Tuangkan susu panas dan berbuih secara perlahan ke dalam cawan, menggunakan sudu untuk menahan buih, membenarkan susu mengalir terlebih dahulu.

k) Sebagai pilihan, untuk persembahan yang elegan, hiasi Vanila, Earl Grey dan Lavender Latte anda dengan taburan tunas lavender kering atau bunga lavender.

l) Akhiri dengan memasukkan penyedut minuman atau sudu panjang, berikan latte anda kacau lembut, dan nikmati gabungan rasa yang menenangkan dan aromatik dalam minuman unik ini!

95. Kopi Lavender Madu

BAHAN-BAHAN:
- 1 cawan kopi dibancuh panas
- ½ auns sirap lavender
- ½ auns madu

ARAHAN:
a) Campurkan kopi, sirap lavender, dan madu.

96. Titisan Lemon Lavender

BAHAN-BAHAN:
- 2 auns Vodka yang diselitkan Lavender
- 1 auns Triple Sec
- ½ auns jus lemon segar
- Tangkai lavender untuk hiasan

VODKA YANG DIINFUSKAN LAVENDER:
- ¼ cawan tunas lavender masakan kering
- 1 cawan vodka

ARAHAN:
VODKA YANG DIINFUSKAN LAVENDER

a) Dalam balang kaca yang bersih, gabungkan tunas lavender masakan kering dan vodka.

b) Tutup balang dan biarkan ia berada di tempat yang sejuk dan gelap selama kira-kira 24-48 jam untuk diselitkan. Rasa sekali-sekala untuk memastikan ia mencapai tahap rasa lavender yang anda inginkan.

c) Setelah diselitkan mengikut citarasa anda, tapis vodka melalui penapis jaringan halus atau kain tipis untuk mengeluarkan tunas lavender. Pindahkan vodka yang diselitkan lavender kembali ke dalam botol atau balang yang bersih.

UNTUK TITIK LEMON LAVENDER:

d) Isi shaker koktel dengan ais.

e) Tambah 2 auns Vodka yang diselitkan Lavender, 1 auns Triple Sec dan ½ auns jus lemon segar ke dalam shaker.

f) Goncang kuat-kuat sehingga sejuk.

g) Tapis adunan ke dalam gelas martini sejuk.

h) Hiaskan Lavender Lemon Drop anda dengan setangkai lavender segar.

i) Nikmati koktel Lavender Lemon Drop anda dengan nota bunga dan sitrusnya yang menarik!

97. Lavender-Honey Digestif

BAHAN-BAHAN:
- 2 cawan vodka
- ¼ cawan bunga lavender kering
- ¼ cawan madu
- 1 cawan air

ARAHAN:

a) Campurkan vodka, bunga lavender kering, madu, dan air dalam balang kaca.

b) Tutup dan biarkan ia meresap di tempat yang sejuk dan gelap selama 2 hingga 3 minggu, goncang sekali-sekala.

c) Tapis dan simpan dalam botol bersih.

98. Lavender liqueur

BAHAN-BAHAN:
- 6 T a b le sp oons Kelopak Lavender Kering
- 1 Vodka 80 Kali Kelima
- 1 Cawan Sirap Gula

ARAHAN:
a) Curam kelopak ke dalam vodka selama satu minggu.
b) Tapis melalui kain keju.
c) Masukkan sirap gula dan nikmati .

99.Lavender Cappuccino

BAHAN-BAHAN:
- 2 sudu besar kopi segera
- 2 sudu besar gula pasir
- 2 sudu besar air panas
- 1 cawan susu (sebarang jenis)
- ½ sudu teh tunas lavender masakan
- 1 sudu teh sirap lavender atau ekstrak
- kiub ais

ARAHAN:
a) Dalam mangkuk adunan, satukan kopi segera, gula pasir dan air panas.
b) Dengan menggunakan pengadun elektrik atau pemukul, pukul adunan pada kelajuan tinggi sehingga ia menjadi pekat dan berbuih. Ini biasanya mengambil masa sekitar 2-3 minit.
c) Dalam periuk kecil, panaskan susu dengan api perlahan sehingga suam. Masukkan tunas lavender masakan ke dalam susu dan biarkan ia curam selama kira-kira 5 minit.
d) Tapis susu untuk mengeluarkan tunas lavender dan kembalikan susu yang diselitkan ke dalam periuk.
e) Masukkan sirap atau ekstrak lavender ke dalam susu yang diselitkan dan kacau hingga sebati.
f) Isikan segelas dengan ketulan ais.
g) Tuangkan susu yang diselitkan lavender ke atas kiub ais, isikan gelas kira-kira tiga perempat penuh.
h) Sudukan kopi yang disebat di atas susu, mencipta kesan berlapis.
i) Kacau perlahan-lahan lapisan bersama sebelum dinikmati.
j) Secara pilihan, anda boleh menghiasi dengan taburan tunas lavender masakan atau gula lavender di atasnya.
l) Hidangkan Kopi Ais Lavender Cappuccino dalam keadaan sejuk dan nikmatilah!

100.Profee Lavender

BAHAN-BAHAN:
- 1 Café Latte Protein Shake
- 2 sudu teh lavender masakan kering
- 1 sudu kecil madu

ARAHAN:
a) Rebus madu, air & lavender masakan untuk membuat sirap ringkas.
b) Masukkan sirap ke dalam gelas berisi ais.
c) Tuangkan Café Latte Protein Shake & nikmatilah!

KESIMPULAN

Semasa kami mengakhiri perjalanan aromatik kami melalui "YANG PENTING LAVENDER SAHABAT 2024," kami berharap anda telah mengalami kegembiraan menemui keindahan dan kepelbagaian lavender. Setiap resipi dalam halaman ini adalah perayaan rasa halus, sifat yang menenangkan dan daya tarikan visual yang dibawa oleh lavender kepada ciptaan anda—sebuah bukti kemungkinan menarik yang ditawarkan oleh herba serba boleh ini.

Sama ada anda telah menikmati kemanisan pencuci mulut yang diselitkan lavender, menerima kelonggaran aromaterapi lavender atau bereksperimen dengan hidangan yang diselitkan lavender yang lazat, kami percaya bahawa resipi ini telah menyemarakkan semangat anda untuk menggabungkan lavender ke dalam pelbagai aspek kehidupan anda. Di sebalik ladang dan bunga lavender, semoga konsep menemui keindahan dan kepelbagaian lavender menjadi sumber inspirasi, kelonggaran dan perayaan kegembiraan yang datang dengan setiap ciptaan yang menarik.

Sambil anda terus menerokai dunia lavender, semoga "YANG PENTING LAVENDER SAHABAT 2024" menjadi panduan anda yang boleh dipercayai, menawarkan anda pelbagai resipi menarik yang mempamerkan keindahan dan kepelbagaian herba yang digemari ini. Inilah untuk menikmati intipati halus lavender, menerima detik-detik yang menenangkan dan menikmati keindahan yang datang dengan setiap keseronokan yang diselitkan lavender. Lavender bersorak!

www.ingramcontent.com/pod-product-compliance
Lightning Source LLC
Chambersburg PA
CBHW050147130526
44591CB00033B/1073